SERTORIVS,

TRAGEDIE.

Imprimé à ROVEN, & se vend
A PARIS,

Chez { AVGVSTIN COVRBE, au Palais, en la
Gallerie des Merciers, à la Palme.
Et
GVILLAVME DE LVYNE, Libraire
Iuré, au Palais, en la Gallerie des
Merciers, à la Iustice.

M. DC. LXII.
AVEC PRIVILEGE DV ROY.

AV LECTEVR.

NE cherchez point dans cette Tragedie les agréments qui sont en possession de faire reüssir au Theatre les Poëmes de cette nature; vous n'y trouuerez, ny tendresses d'amour, ny emportements de passion, ny descriptions pompeuses, ny Narrations Pathetiques. Ie puis dire toutefois qu'elle n'a point déplû, & que la dignité des noms illustres, la grandeur de leurs interests, & la nouueauté de quelques caracteres ont supplée au manque de ces graces. Le sujet est simple, & du nombre de ces éuenements connus, où il ne nous est pas permis de rien changer, qu'autant que la necessité indispensable de les reduire dans la regle, nous force d'en resserrer les temps & les lieux. Comme il ne m'a fourny aucunes femmes, j'ay esté obligé de recourir à l'inuention pour en introduire deux, assez compatibles l'vne & l'autre auec les veritez histori-

AV LECTEVR.

ques à qui ie me suis attaché. L'vne à vescu de ce temps-là. C'est la premiere femme de Pompée, qu'il repudia pour entrer dans l'alliance de Sylla, par le mariage d'Aemilie fille de sa femme. Ce diuorce est constant par le rapport de tous ceux qui ont écrit la vie de Pompée, mais aucun d'eux ne nous apprend ce que deuint cette malheureuse, qu'ils appellent tous Antistie, à la reserue d'vn Espagnol Euesque de Gironne, qui luy donne le nom d'Aristie, que j'ay preferé comme plus doux à l'oreille. Leur silence m'ayant laissé liberté entiere de luy faire vn refuge, j'ay creu ne luy en pouuoir choisir vn auec plus de vray-semblance, que chez les ennemis de ceux qui l'auoient outragée. Cette retraite en a dautant plus, qu'elle produit vn effet veritable, par les Lettres des principaux de Rome que ie luy fais porter à Sertorius, & que Perpenna remit entre les mains de Pompée, qui en vsa comme ie le marque. L'autre femme est vne pure idée de mon esprit, mais qui ne laisse pas d'auoir aussi quel-

AV LECTEVR.

que fondement dans l'histoire. Elle nous apprend que les Lusitaniens appellerent Sertorius d'Afrique, pour estre leur Chef contre le party de Sylla; mais elle ne nous dit point s'ils estoient en Republique, ou sous vne Monarchie. Il n'y a donc rien qui repugne à leur donner vne Reine, & ie ne la pouuois faire sortir d'vn sang plus considerable, que celuy de Viriatus dont ie luy fais porter le nom, le plus grand homme que l'Espagne ait opposé aux Romains, le dernier qui leur a fait teste dans ces prouinces auant Sertorius. Il n'estoit pas Roy en effet, mais il en auoit toute l'authorité, & les Preteurs & Consuls que Rome enuoya pour le combatre, & qu'il défit souuent, l'estimerent assez pour faire des Traitez de Paix auec luy, comme auec vn Souuerain & juste Ennemy. Sa mort arriua soixante & huit ans auant celle que ie traite; de sorte qu'il auroit pû estre Ayeul ou Bisayeul de cette Reine que ie fais parler icy.

Il fut défait par le Consul Q. Serui-

AV LECTEVR.

lius, & non par Brutus, comme ie l'ay fait dire à cette Princesse, sur la foy de cét Euesque Espagnol que ie viens de citer, & qui m'a jetté dans l'erreur aprés luy. Elle est aisée à corriger par le changement d'vn mot dans ce Vers vnique qui en parle, & qu'il faut restablir ainsi.

Et de Seruilius l'astre prédominant.

Ie sçay bien que Sylla dont ie parle tant dans ce Poëme, estoit mort six ans auant Sertorius, mais à le prendre à la rigueur, il est permis de presser les temps pour faire l'vnité de iour, & pourueu qu'il n'aye point d'impossibilité formelle, ie puis faire arriuer en six iours, voire en six heures, ce qui s'est passé en six ans. Cela posé, rien n'empesche que Sylla ne meure auant Sertorius, sans rien détruire de ce que ie dis icy, puisqu'il a pû mourir depuis qu'Arcas est party de Rome pour apporter la Nouuelle de la démission de sa Dictature, ce qu'il fait en mesme temps que Sertorius est assassiné. Ie dis de plus, que bien que nous deuions estre assez scrupuleux ob-

AV LECTEVR.

ſervateurs de l'ordre des temps ; neanmoins pourueu que ceux que nous faiſons parler ſe ſoient connus, & ayent eu enſemble quelques intereſts à démeſler, nous ne ſommes pas obligez à nous attacher ſi préciſément à la durée de leur vie. Sylla eſtoit mort quand Sertorius fut tué, mais il pouuoit viure encor ſans miracle, & l'Auditeur qui communément n'a qu'vne teinture ſuperficielle de l'hiſtoire, s'offenſe rarement d'vne pareille prolongation qui ne ſort point de la vray-ſemblance. Ie ne voudrois pas toutefois faire vne regle generale de cette licence, ſans y meſtre quelque diſtinction. La mort de Sylla n'apporta aucun changement aux affaires de Sertorius en Eſpagne, & luy fut de ſi peu d'importance, qu'il eſt mal-aiſé en liſant la vie de ce Heros chez Plutarque, de remarquer lequel des deux eſt mort le premier, ſi l'on n'en eſt inſtruit d'ailleurs. Autre choſe eſt de celles qui renuerſent les Eſtats, détruiſent les partis, & donnent vne autre face aux affaires, comme a eſté celle de Pompée, qui feroit re-

AV LECTEVR.

uolter tout l'Auditoire contre vn Autheur, s'il auoit l'impudence de la remettre après celle de Cesar. D'ailleurs il falloit colorer & excuser en quelque sorte la guerre que Pompée & les autres Chefs Romains continuoient contre Sertorius ; car il est assez mal-aisé de comprendre pourquoy l'on s'y s'obstinoit, après que la Republique sembloit estre restablie par la démission volontaire & la mort de son Ty... Sans doute que son esprit de Souuerai... t. qu'il auoit fait reuiure dans Rome, ... estoit pas mort auec luy ; & que Pomp... & beaucoup d'autres aspirant dans l'am... à prendre sa place, craignoient que Sertorius ne leur y fust vn puissant obstacle, ou par l'amour qu'il auoit toûjours pour sa Patrie, ou par la grandeur de sa reputation, & le merite de ses actions qui luy eussent fait donner la préference ; si ce grand ébranlement de la Republique l'eust mise en estat de ne se pouuoir passer de maistre. Pour ne pas deshonorer Pompée par cette jalousie secrette de son am

AV LECTEVR.

bition, qui sémoit dés lors ce qu'on a veu depuis éclater si hautement, & qui peut-estre estoit le veritable motif de cette guerre, ie me suis persuadé qu'il estoit plus à propos de faire viure Sylla, afin d'en attribuer l'iniustice à la violence de sa domination. Cela m'a seruy de plus à arrester l'effet de ce puissant amour que ie luy fais conseruer pour son Aristie, auec qui il n'eust pû se défendre de renoüer, s'il n'eust eu rien à craindre du costé de Sylla, dont le nom odieux, mais illustre, donne vn grand poids aux raisonnemens de la Politique, qui fait l'ame de toute cette Tragedie.

Le mesme Pompée semble s'écarter vn peu de la prudence d'vn General d'Armée, lors que sur la foy de Sertorius il vient conferer auec luy dans vne ville, dont ce Chef du party contraire est maistre absolu ; mais c'est vne confiance de genereux à genereux, & de Romain à Romain, qui luy donne quelque droit de ne craindre aucune supercherie de la part d'vn si grand homme.

AV LECTEVR.

Ce n'est pas que ie ne veüille bien accorder aux Critiques qu'il n'a pas assez pourueu à sa propre seureté, mais il m'estoit impossible de garder l'vnité de lieu, sans luy faire faire cette eschapée, qu'il faut imputer à l'incommodité de la regle, plus qu'à moy qui l'ay bien veuë. Si vous ne voulez la pardonner à l'impatience qu'il auoit de voir sa femme dont ie le fais encor si passionné, & à la peur qu'elle ne prist vn autre mary, faute de sçauoir ses intentions pour elle, vous la pardonnerez au plaisir qu'on a pris à cette conference, que quelques-vns des premiers dans la Cour, & pour la naissance, & pour l'esprit, ont estimé autant qu'vne Piece entiere. Vous n'en serez pas desauoüé par Aristote, qui souffre qu'on mette quelquefois des choses sans raison sur le Theatre, quand il y a apparence qu'elles seront bien receuës, & qu'on a lieu d'esperer que les auantages que le Poëme en tirera pourront meriter cette grace.

Extrait du Priuilege du Roy.

PAr grace & Priuilege du Roy, donné à Paris le seiziéme May 1662. Signé par le Roy en son Conseil, GVITONNEAV. Il est permis à GVILLAVME DE LVYNE, Libraire Iuré, de la ville de Paris, de faire imprimer deux Pieces de Theatre, de la Composition des sieurs CORNEILLE, intitulées SERTORIVS, & MAXIMIAN, pendant sept années ; Et défences faites à tous autres de les imprimer, vendre, ny debiter d'autres Editions que celles de l'Exposant, à peine de trois mil liures d'amende, & de tous dépens, dommages & interests, comme il est plus amplement porté par lesdites Lettres.

Acheué d'Imprimer le huitiéme Iuillet 1662.
A ROVEN, par L. MAVRRY.

Les Exemplaires ont esté fournis.

Registré sur le Liure de la Communauté le 23. May 1662. Signé, DV BRAY Syndic.

ACTEVRS.

SERTORIVS, General du party de Marius en Espagne.
PERPENNA, Lieutenant de Sertorius.
AVFIDE, Tribun de l'Armée de Sertorius.
POMPEE, General du party de Sylla.
ARISTIE, Femme de Pompée.
VIRIATE, Reine de Lusitanie, à present Portugal.
THAMIRE, Dame d'honneur de Viriate.
CELSVS, Tribun du Party de Pompée.
ARCAS, Affranchy d'Aristius Frere d'Aristie.

La Scene est à Nertobrige ville d'Arragon, conquise par Sertorius, à present Catalayud.

SERTORIUS,
TRAGEDIE.

ACTE I.

SCENE PREMIERE.
PERPENNA, AVFIDE.

PERPENNA.

D'OV me vient ce desordre, Aufide, & que veut dire
Que mon cœur sur mes vœux garde si peu d'empire?
L'horreur que malgré moy me fait la trahison,
Contre tout mon espoir reuolte ma raison,
Et de cette grandeur sur le crime fondée,
Dont jusqu'à ce moment m'a trop flaté l'idée,
L'image toute affreuse au point d'executer
Ne trouue plus en moy de bras à luy prester.

SERTORIVS,

En vain l'ambition qui presse mon courage
D'vn faux brillât d'honneur pare son noir ouurage,
En vain pour me soûmettre à ses lâches efforts
Mon ame a secoüé le joug de cent remords,
Cette ame d'auec soy tout à coup diuisée
Reprend de ces remords la chaîne mal brisée,
Et de Sertorius le surprenant bonheur
Arreste vne main preste à luy percer le cœur.

AVFIDE.

Quel honteux contre-temps de vertu delicate
S'oppose au beau succés de l'espoir qui vous flate,
Et depuis quand, Seigneur, la soif du premier rang
Craint-elle de répandre vn peu de mauuais sang?
Auez-vous oublié cette grande Maxime,
Que la guerre ciuile est le regne du crime,
Et qu'aux lieux où le crime a plein droit de regner
L'innocence timide est seule à dédaigner,
L'honneur & la vertu sont des noms ridicules?
Marius ny Carbon n'eurent point de scrupules,
Iamais Sylla, iamais...

PERPENNA.

Sylla ny Marius
N'ont iamais épargné le sang de leurs vaincus;
Tour à tour la Victoire autour d'eux en furie
A poussé leur couroux jusqu'à la barbarie,
Tour à tour le carnage & les proscriptions
Ont sacrifié Rome à leurs dissentions;
Mais leurs sanglants discords qui nous donnent des
          maistres   (stres,
Ont fait des meurtriers, & n'ont point fait de trai-
Leurs plus vastes fureurs iamais n'ont consenty
Qu'aucun versast le sang de son propre party,
Et dans l'vn ny dans l'autre aucun n'a pris l'audace
D'assassiner son Chef pour monter en sa pla-

TRAGEDIE.

AVFIDE.

Vous y renoncez donc, & n'estes plus jaloux
De suiure les Drapeaux d'vn Chef moindre que
　vous !
Ah, s'il faut obeïr, ne faisons plus la guerre,
Prenons le mesme joug qu'a pris toute la Terre,
Pourquoy tant de perils? pourquoy tant de combats?
Si nous voulons seruir, Sylla nous tend les bras,
C'est mal viure en Romain que prendre loy d'vn
　homme,
Mais Tyran pour Tyran, il vaut mieux viure à Rome.

PERPENNA.

Voy mieux ce que tu dis quand tu parles ainsi,
Du moins la liberté respire encor icy,
De nostre Republique à Rome aneantie
On y voit refleurir la plus noble partie,
Et cét azyle ouuert aux illustres proscrits
Reünit du Senat le precieux debris.
Par luy Sertorius gouuerne ces Prouinces,
Leur impose tribut, fait des loix à leurs Princes,
Maintient de nos Romains le reste independant :
Mais comme tout party demande vn Commandant,
Ce bonheur impréueu qui par tout l'accompagne,
Ce nom qu'il s'est acquis chez les peuples d'Espa-
　gne...

AVFIDE.

Ah, c'est ce nom acquis auec trop de bonheur
Qui rompt vostre fortune, & nous rauit l'honneur,
Vous n'en sçauriez douter, pour peu qu'il vous sou-
　uienne
Du iour que vostre Armée alla joindre la sienne,
Lors...

PERPENNA.

N'enuenime point le cuisant souuenir
Que le commandement deuoit m'appartenir,

A ij

Ie le passois en nombre aussi-bien qu'en noblesse,
Il succomboit sans moy sous sa propre foiblesse,
Mais si-tost qu'il parut, ie vis en moins de rien
Tout mon camp deserté pour repeupler le sien,
Ie vis par mes soldats mes Aigles arrachées,
Pour se ranger sous luy, voler vers ses Tranchées,
Et pour en colorer l'emportement honteux,
Ie les suiuis de rage, & m'y rangeay comme eux.
  L'imperieuse aigreur de l'âpre jalousie,
Dont en secret dés lors mon ame fut saisie,
Grossit de iour en iour sous vne passion
Qui tyrannise encor plus que l'ambition.
I'adore Viriate, & cette grande Reine,
Des Lusitaniens l'illustre Souueraine,
Pourroit par son Hymen me rendre sur les siens
Ce pouuoir absolu qu'il m'oste sur les miens;
Mais elle mesme (helas!) de ce grand nom charmée
S'attache au bruit heureux que fait sa Renommée,
Cependant qu'insensible à ce qu'elle a d'appas
Il me dérobe vn cœur qu'il ne demande pas.
De son Astre opposé telle est la violence,
Qu'il me vole par tout, mesme sans qu'il y pense,
Et que toutes les fois qu'il m'enleue mon bien,
Son nom fait tout pour luy, sans qu'il en sçache
    rien.
  Ie sçay qu'il peut aimer & nous cacher sa flame,
Mais ie veux sur ce point luy decouurir mon ame,
Et s'il peut me ceder ce Trône où ie pretens,
I'immoleray ma haine à mes desirs contents,
Et ie n'enuiray plus le rang dont il s'empare,
S'il m'en asseure autant chez ce peuple Barbare,
Qui formé par nos soins, instruit de nostre
    main,
Sous nostre discipline est deuenu Romain.

TRAGEDIE.
AVFIDE.
Lors qu'on fait des projets d'vne telle importance,
Les interests d'amour entrent-ils en balance?
Et si ces interests vous sont enfin si doux,
Viriate, luy mort, n'est-elle pas à vous?
PERPENNA.
Ouy, mais de cette mort la suite m'embarasse.
Auray-je sa fortune aussi-bien que sa place?
Ceux dont il a gagné la croyance & l'appuy
Prendront-ils mesme joye à m'obeïr, qu'à luy,
Et pour vanger sa trame indignement coupée,
N'arboreront-ils point l'estendart de Pompée?
AVFIDE.
C'est trop craindre, & trop tard. Ce soir dans le
 festin
Vous auez donné l'heure à trancher son destin,
La Tréue a dispersé l'Armée à la campagne,
Et vous en commandez ce qui nous accompagne,
L'occasion nous rit dans vn si grand dessein,
Mais tel bras n'est à nous que jusques à demain,
Si vous rompez le coup, préuenez les indices,
Perdez Sertorius, ou perdez vos complices,
Craignez ce qu'il faut craindre, Il en est parmy nous
Qui pourroient bien auoir mesmes remords que
 vous,
Et si vous differez... Mais le Tyran arriué,
Tâchez d'en obtenir l'objet qui vous captiue,
Et je priray les Dieux que dans cét entretien
Vous ayez assez d'heur pour n'en obtenir rien.

SCENE II.
SERTORIVS, PERPENNA.

SERTORIVS.

Apprenez vn dessein qui me vient de surprendre,
Dans deux heures Pompée en ce lieu se doit
 rendre,
Il veut sur nos debats conferer auec moy,
Et pour toute asseurance il ne prend que ma foy.

PERPENNA.

La parole suffit entre les grands courages,
D'vn homme tel que vous la foy vaut cent ostages,
Ie n'en suis point surpris, mais ce qui me surprend,
C'est de voir que Pompée ait pris le nom de Grand,
Pour faire encor au vostre entiere déference,
Sans vouloir de lieu neutre à cette Conference.
C'est auoir beaucoup fait, que d'auoir jusques-là
Fait descendre l'orgueil des Heros de Sylla.

SERTORIVS.

S'il est plus fort que nous, ce n'est plus en Espagne,
Où nous forçons les siens de quitter la campagne,
Et de se retrancher dans l'empire douteux
Que luy souffre à regret vne Prouince, ou deux,
Qu'à sa Fortune lasse il craint que ie n'enleue,
Si-tost que le Printemps aura finy la Tréue.
C'est l'heureuse vnion de vos Drapeaux aux
 miens
Qui fait ces beaux succés qu'à toute heure j'obtiens,
C'est à vous que je dois ce que j'ay de puissance,
Attendez tout aussi de ma reconnoissance.

TRAGEDIE.

Ie reuiens à Pompée, & pense deuiner
Quels motifs jusqu'icy peuuent nous l'amener,
Comme il trouue auec nous peu de gloire à pre-
    tendre,
Et qu'au lieu d'attaquer il a peine à défendre,
Il voudroit qu'vn accord, auantageux, ou non,
L'affranchist d'vn employ qui ternit ce grand nom,
Et chatoüillé d'ailleurs par l'espoir qui le flate
De faire auec plus d'heur la guerre à Mitridate,
Il brûle d'estre à Rome, afin d'en receuoir
Du maistre qu'il s'y donne, & l'ordre, & le pouuoir.

PERPENNA.

I'aurois crû qu'Aristie icy refugiée,
Que forcé par ce maistre il a repudiée,
Par vn reste d'amour l'attiraft en ces lieux
Sous vne autre couleur luy faire ses Adieux,
Car de son cher Tyran l'injustice fut telle,
Qu'il ne luy permit pas de prendre congé d'elle.

SERTORIVS.

Cela peut estre encore, ils s'aimoient cherement,
Mais il pourroit icy trouuer du changement,
L'affront pique à tel point le grand cœur d'Aristie,
Que sa premiere flame en haine conuertie,
Elle cherche bien moins vn azyle chez nous,
Que la gloire d'y prendre vn plus illustre espoux,
C'est ainsi qu'elle parle, & m'offre l'assistance
De ce que Rome encore a de gens d'importance,
Dont les vns ses parens, les autres ses amis,
Si ie veux l'épouser, ont pour moy tout promis.
Leurs lettres en font foy qu'elle me vient de rendre,
Voyez auec loisir ce que j'en dois attendre,
Ie veux bien m'en remettre à vostre sentiment.

PERPENNA.

Pourriez-vous bien, Seigneur, balancer vn moment?

SERTORIVS,

A moins d'vne secrette & forte antipathie,
Qui vous montre vn supplice en l'Hymen d'Aristie,
Voyant ce que pour dot Rome luy veut donner,
Vous n'auez aucun lieu de rien examiner.

SERTORIVS.

Il faut donc, Perpenna, vous faire confidence,
Et de ce que ie crains, & de ce que ie pense.
J'aime ailleurs. A mon âge il sied si mal d'aimer,
Que ie le cache mesme à qui m'a sçeu charmer;
Mais tel que ie puis estre, on m'aime, ou pour
   mieux dire,
La Reine Viriate à mon Hymen aspire,
Elle veut que ce choix de son ambition
De son peuple auec nous commence l'vnion,
Et qu'en suite à l'envy mille autres Hymenées
De nos deux nations l'vne à l'autre enchaisnées
Meslent si bien le sang & l'interest commun,
Qu'ils reduisent bien-tost les deux peuples en vn.
C'est ce qu'elle pretend pour digne recompense
De nous auoir seruis auec cette constance,
Qui n'épargne ny biens, ny sang de ses Sujets,
Pour affermir icy nos genereux projets.
Non qu'elle me l'ait dit, ou quelque autre pour elle,
Mais j'en voy chaque iour quelque marque fidelle,
Et comme ce dessein n'est plus pour moy douteux,
Ie ne puis l'ignorer qu'autant que ie le veux.
Ie crains donc de l'aigrir, si j'épouse Aristie,
Et que de ses Sujets la meilleure partie,
Pour vanger ce mépris, & seruir son couroux,
Ne tourne obstinément ses armes contre nous.
Auprés d'vn tel malheur pour nous irreparable,
Ce qu'on promet pour l'autre est peu considerable,
Et sous vn faux espoir de nous mieux establir
Ce renfort accepté pourroit nous affoiblir.

TRAGEDIE.

Voila ce qui retient mon esprit en balance,
Ie n'ay pour Aristie aucune repugnance,
Et la Reine à tel point n'asseruit pas mon cœur,
Qu'il ne fasse encor tout pour le commun bonheur.

PERPENNA.

Cette crainte, Seigneur, dont voſtre ame eſt gênée
Ne doit pas d'vn moment retarder l'Hymenée.
Viriate, il eſt vray, pourra s'en émouuoir,
Mais que ſert la colere où manque le pouuoir?
Malgré ſa jalouſie, & ſes vaines menaces,
N'eſtes-vous pas toûjours le maiſtre de ſes Places?
Les ſiens dont vous craignez le vif reſſentiment
Ont-ils dans voſtre Armée aucun commandement?
Des plus nobles d'entr'eux, & des plus grands cou-
  rages,
N'auez-vous pas les fils dans Oſca pour oſtages?
Tous leurs Chefs ſont Romains, & leurs propres
  ſoldats
Diſperſez dans nos rangs ont fait tant de combats,
Que la vieille amitié qui les attache aux noſtres
Leur fait aimer nos loix, & n'en vouloir point
  d'autres.
Pourquoy donc tant les craindre, & pourquoy refuſer.

SERTORIVS.

Vous-meſme, Perpenna, pourquoy tant déguiſer?
Ie voy ce qu'on m'a dit, vous aimez Viriate,
Et voſtre amour caché dans vos raiſons éclate.
Mais les raiſonnemens ſont icy ſuperflus,
Dites que vous l'aimez, & ie ne l'aime plus,
Parlez, ie vous dois tant que ma reconnoiſſance
Ne peut eſtre ſans honte vn moment en balance.

PERPENNA.

L'adueu que vous voulez à mon cœur eſt ſi doux
Que j'oſe...

SRTORIVS,
SERTORIVS.
C'est assez, ie parleray pour vous.
PERPENNA.
Ah, Seigneur, c'en est trop, &...
SERTORIVS.
Point de repartie.
Tous mes vœux sont dé-ja du costé d'Aristie,
Et ie l'espouseray, pourueu qu'en mesme jour
La Reine se resolue à payer vostre amour :
Car quoy que vous disiez, ie dois craindre sa haine,
Et fuirois à ce prix cette illustre Romaine,
La voicy, laissez-moy ménager son esprit,
Et voyez cependant de quel air on m'écrit.

SCENE III.

SERTORIVS, ARISTIE.

ARISTIE.

NE vous offensez pas, si dans mon infortune
Ma foiblesse me force à vous estre importune,
Non pas pour mon Hymen, les suites d'vn tel choix
Meritent qu'on y pense vn peu plus d'vne fois ;
Mais vous pouuez, Seigneur, joindre à mes espe-
    rances
Contre vn peril nouueau nouuelles asseurances.
I'aprens qu'vn infidelle, autrefois mon espoux,
Vient jusques dans ces murs conferer auec vous ;
L'ordre de son Tyran & sa flâme inquiete
Me pourront enuier l'honneur de ma retraite,
L'vn en préuoit la suite, & l'autre en craint l'éclat,
Et tous les deux contr'elle ont leur raison d'Estat.

TRAGEDIE.

Ie vous demande donc seureté toute entiere
Contre la violence, & contre la priere,
Si par l'vne ou par l'autre il veut se ressaisir,
De ce qu'il ne peut voir ailleurs sans déplaisir.

SERTORIVS.

Il en a lieu, Madame, vn si rare merite
Semble croistre de prix quand par force on le quitte,
Mais vous auez icy seureté contre tous,
Pourueu que vous puissiez en trouuer contre vous,
Et que contre vn ingrat dont l'amour fut si tendre,
Lors qu'il vous parlera, vous sçachiez vous dé-
  fendre.
On a peine à haïr ce qu'on a bien aimé,
Et le feu mal éteint est bien-tost rallumé.

ARISTIE.

L'ingrat par son diuorce en faueur d'Æmilie
M'a liurée aux mépris de toute l'Italie,
Vous sçauez à quel point mon courage est blessé,
Mais s'il se dédisoit d'vn outrage forcé,
S'il chassoit Æmilie, & me rendoit ma place,
I'aurois peine, Seigneur, à luy refuser grace,
Et tant que je seray maistresse de ma foy,
Ie me dois toute à luy, s'il reuient tout à moy.

SERTORIVS.

En-vain donc ie me flate, en-vain j'ose, Madame,
Promettre à mon espoir quelque part en vostre
  ame !
Pompée en est encor l'vnique Souuerain,
Tous vos ressentimens n'offrent que vostre main,
Et quand par ses refus j'auray droit d'y pretendre,
Le cœur toûjours à luy ne voudra pas se rendre.

ARISTIE.

Qu'importe de mon cœur, si je sçay mon deuoir,
Et si mon Hymenée enfle vostre pouuoir ?

Vous raualeriez-vous jusques à la bassesse
D'exiger de ce cœur des marques de tendresse,
Et d'elles préferer à ce qu'il fait d'effort
Pour brauer mon Tyran, & releuer mon sort ?
Laissons, Seigneur, laissons pour les petites ames
Ce commerce rampant de soûpirs, & de flâmes,
Et ne nous vnissons que pour mieux soutenir
La liberté que Rome est preste à voir finir.
Vnissons ma vangeance à vostre Politique,
Pour sauuer des abois toute la Republique ;
L'Hymen seul peut vnir des interests si grands.
Ie sçay que c'est beaucoup que ce que ie pretens,
Mais dans ce dur exil que mon Tyran m'impose
Le rebut de Pompée est encor quelque chose,
Et j'ay des sentimens trop nobles, ou trop vains,
Pour le porter ailleurs qu'au plus grand des Ro-
   mains.

SERTORIVS.
Ce nom ne m'est pas dû, ie suis....

ARISTIE.
                      Ce que vous faites
Môtre à tout l'Vniuers, Seigneur, ce que vous estes;
Mais quand mesme ce nom sembleroit trop pour
   vous,
Du moins mon infidelle est d'vn rang au dessous.
Il sert dans son party, vous commandez au vostre,
Vous estes Chef de l'vn, & luy Sujet dans l'autre,
Et son diuorce enfin qui m'artache sa foy
L'y laisse par Sylla plus opprimé que moy,
Si vostre Hymen m'esleue à la grandeur sublime,
Tandis qu'en l'esclauage vn autre Hymen l'abysme.
  Mais, Seigneur, ie m'emporte, & percés d'vn
   tel heur
Me fait vous en parler auec trop de chaleur.

Tou

TRAGEDIE.

Tout mon bien est encor dedans l'incertitude,
Ie n'en conçoy l'espoir qu'auec inquietude,
Et ie craindray toûjours d'auoir trop prétendu,
Tant que de cét espoir vous m'ayez répondu.
Vous me pouuez d'vn mot asseurer, ou confondre.

SERTORIVS.

Mais, Madame, aprés tout que puis-je vous ré-
  pondre,
Dequoy vous asseurer, si vous mesme parlez.
Sans estre seure encor de ce que vous voulez ?
  De vostre illustre Hymen ie sçay les auantages,
I'adore les grands noms que j'en ay pour ostages,
Et voy que leur secours nous rehaussant le bras
Auroit bien-tost jetté la tyrannie à bas :
Mais cette attente aussi pourroit se voir trompée
Dans l'offre d'vne main qui se garde à Pompée,
Et qui n'étale icy la grandeur d'vn tel bien,
Que pour me tout promettre, & ne me donner rien.

ARISTIE.

Si vous vouliez ma main par choix de ma personne,
Ie vous dirois, Seigneur, *prenez, ie vous la donne,*
Quoy que vueille Pompée, il le voudra trop tard :
Mais comme en cét Hymen l'amour n'a point de
  part,
Qu'il n'est qu'vn pur effet de noble Politique,
Souffrez que ie vous die, afin que ie m'explique,
Que quand j'aurois pour dot vn million de bras,
Ie vous donne encor plus en ne l'acheuant pas.
  Si ie reduis Pompée à chasser Æmilie,
Peut-il, Sylla regnant, regarder l'Italie ?
Ira-t'il se liurer à son juste courroux ?
Non, non, si ie le gagne, il faut qu'il vienne à vous,
Ainsi par mon Hymen vous aurez asseurance
Que mille vrais Romains prendront vostre défense,

B

Mais si j'en rompts l'accord pour luy rendre mes vœux,
Vous aurez ces Romains, & Pompée auec eux.
Vous aurez ses amis par ce nouueau diuorce,
Vous aurez du Tyran la principale force,
Son Armée, ou du moins ses plus braues soldats,
Qui de leur General voudront suiure les pas,
Vous marcherez vers Rome à communes Enseignes.
Il sera temps alors, Sylla, que tu me craignes,
Tremble, & croy voir bien-tost trébucher ta fierté,
Si ie puis t'enleuer ce que tu m'as osté.
Pour faire de Pompée vn gendre de ta femme,
Tu l'as fait vn parjure, vn méchant, vn infame,
Mais s'il me laisse encor quelques droits sur son cœur,
Il reprendra sa foy, sa vertu, son honneur,
Pour rentrer dans mes fers il brisera tes chaînes,
Et nous t'accablerons sous nos communes haines.
I'abuse trop, Seigneur, d'vn precieux loisir.
Voilà vos interests, c'est à vous de choisir.
Si vostre amour trop prompt veut borner sa conqueste,
Ie vous le dis encor, ma main est toute preste,
Ie vous laisse y penser. Sur tout, souuenez-vous
Que ma gloire en ces lieux me demande vn espoux,
Qu'elle ne peut souffrir que ma suite m'y range
En captiue de guerre, au peril d'vn échange,
Qu'elle veut vn grand homme à receuoir ma foy,
Qu'aprés vous & Pompée il n'en est point pour moy,
Et que...

SERTORIVS.
Vous le verrez, & sçaurez sa pensée.

TRAGEDIE.
ARISTIE.
Adieu, Seigneur, j'y suis la plus interessée,
Et j'y vay préparer mon reste de pouuoir.
SERTORIVS.
Moy, ie vay donner ordre à le bien receuoir.
 Dieux, souffrez qu'à mon tour auec vous ie m'explique,
Que c'est vn sort cruel d'aimer par Politique,
Et que ses interests sont d'étranges malheurs,
S'ils font donner la main quand le cœur est ailleurs!

Fin du premier Acte.

ACTE II.

SCENE PREMIERE.
VIRIATE, THAMIRE.

VIRIATE.

THAMIRE, il faut parler, l'occasion nous presse,
Rome jusqu'en ces murs m'enuoye vne maistresse,
Et l'exil d'Aristie enuelopé d'ennuis
Est prest à l'emporter sur tout ce que ie suis.
En-vain de mes regards l'ingenieux langage
Pour découurir mon cœur a tout mis en vsage,
En-vain par le mépris des vœux de tous nos Rois
I'ay crû faire éclater l'orgueil d'vn autre choix.
Le seul pour qui ie tâche à le rendre visible,
Ou n'ose en rien connoistre, ou demeure insensible,
Et laisse à ma pudeur des sentimens confus,
Que l'amour propre obstine à douter du refus.
Espargne-m'en la honte, & prens soin de luy dire,
A ce Heros si cher, Tu le connois, Thamire,

TRAGEDIE. 17

Car d'où pourroit mon Trône attendre vn ferme
    appuy,
Et pour qui méprifer tous nos Rois que pour luy ?
Sertorius luy feul digne de Viriate
Merite que pour luy tout mon amour éclate ;
Fay luy, fay luy fçauoir le glorieux deffein
De m'affermir au Trône en luy donnant la main,
Dy luy....Mais j'aurois tort d'inftruire ton adreffe,
Moy qui connois ton zele à feruir ta Princeffe.

THAMIRE.

Madame, en ce Heros tout eft illuftre & grand,
Mais à parler fans fard voftre amour me furprend.
Il eft affez nouueau qu'vn homme de fon âge
Ait des charmes fi forts pour vn jeune courage,
Et que d'vn front ridé les replis jauniffans
Trouuent l'heureux fecret de captiuer les fens.

VIRIATE.

Ce ne font pas les fens que mon amour confulte,
Il hait des paffions l'impetueux tumulte,
Et fon feu que j'attache aux foins de ma grandeur
Dédaigne tout mélange auec leur folle ardeur.
I'aime en Sertorius ce grand art de la guerre
Qui foûtient vn banny contre toute la Terre,
I'aime en luy ces cheueux tous couuerts de lauriers,
Ce front qui fait trembler les plus braues guerriers,
Ce bras qui femble auoir la victoire en partage ;
L'amour de la vertu n'a iamais d'yeux pour l'âge,
Le merite a toûjours des charmes éclatans,
Et quiconque peut tout eft aimable en tout temps.

THAMIRE.

Mais, Madame, nos Rois dont l'amour vous irrite,
N'ont-ils tous ny vertu, ny pouuoir, ny merite,
Et dans voftre party fe peut-il qu'aucun d'eux
N'ait fignalé fon nom par des exploits fameux ?

B iij

Celuy des Turdetans, celuy des Celtiberes,
Souſtiendroient-ils ſi mal le Sceptre de vos peres.
VIRIATE.
Côtre des Rois comme eux j'aimerois leur ſoûtien,
Mais contre des Romains tout leur pouuoir n'eſt
rien.
Rome ſeule aujourd'huy peut reſiſter à Rome,
Il faut pour la brauer qu'elle nous preſte vn homme,
Et que ſon propre ſang en faueur de ces lieux
Balance les Deſtins, & partage les Dieux.
Depuis qu'elle a daigné proteger nos Prouinces,
Et de ſon amitié faire honneur à leurs Princes;
Sous vn ſi haut appuy nos Rois humiliez
N'ont eſté que Sujets ſous le nom d'Alliez,
Et ce qu'ils ont oſé contre leur ſeruitude
N'en a rendu le joug que plus fort, & plus rude.
Qu'a fait Mandonius, qu'a fait Indibilis,
Qu'y plonger plus auant leurs Trônes auilis,
Et voir leur fier amas de puiſſance & de gloire
Briſé contre l'eſcueil d'vne ſeule victoire?
Le grand Viriatus de qui ie tiens le jour,
D'vn ſort plus fauorable eut vn pareil retour.
Il deffit trois Preteurs, il gagna dix batailles;
Il repouſſa l'aſſaut de plus de cent murailles;
Et du Conſul Brutus l'Aſtre prédominant
Diſſipa tout d'vn coup ce bonheur eſtonnant,
Ce grand Roy fut deffait, il en perdit la vie,
Et laiſſoit ſa Courõnne à jamais aſſeruie,
Si pour briſer les fers de ſon peuple captif
Rome n'euſt enuoyé ce noble fugitif.
Depuis que ſon courage à nos Deſtins preſide,
Vn bonheur ſi conſtant de nos armes decide,
Que deux luſtres de guerre aſſeurent nos climats
Cõtre ces Souuerains de tant de Potentats,

TRAGEDIE.

Et leur laissent à peine au bout des dix années,
Pour se couurir de nous, l'ombre des Pyrenées.
Nos Rois, sans ce Heros, l'vn de l'autre jaloux
Du plus heureux sans cesse auroiét rompu les coups,
Iamais ils n'auroient pû choisir entr'eux vn maistre.

THAMIRE.

Mais consentiront-ils qu'vn Romain puisse l'estre?

VIRIATE.

Il n'en prend pas le tiltre, & les traite d'égal,
Mais, Thamire, aprés tout il est leur General.
Ils combatent sous luy, sous son ordre ils s'vnissent,
Et tous ces Rois de nom en effet obeïssent,
Tandis que de leur rang l'inutile fierté
S'applaudit d'vne vaine & fausse égalité.

THAMIRE.

Ie n'ose vous rien dire aprés cét auantage,
Et voudrois comme vous faire grace à son âge,
Mais enfin ce Heros sujet au cours des ans
A trop long-temps vaincu pour vaincre encor long-temps,
Et sa mort...

VIRIATE.

Ioüissons en dépit de l'Enuie
Des restes glorieux de son illustre vie;
Sa mort me laissera pour ma protection
La splendeur de son Ombre, & l'éclat de son nom,
Sur ces deux grands appuis ma Couronne affermie
Ne redoutera point de puissance ennemie;
Ils feront plus pour moy que ne feroient cent Rois,
Mais nous en parlerons encor quelque autre fois,
Ie l'aperçoy qui vient.

SCENE II.
SERTORIVS, VIRIATE, THAMIRE.

SERTORIVS.

Que direz-vous, Madame,
Du dessein temeraire où s'échape mon ame ?
N'est-ce point oublier ce qu'on vous doit d'hôneur,
Que demander à voir le fond de vostre cœur ?

VIRIATE.

Il est si peu fermé, que chacun y peut lire,
Seigneur, peut-estre plus que ie ne puis vous dire,
Pour voir ce qui s'y passe il ne faut que des yeux.

SERTORIVS.

I'ay besoin toutefois qu'il s'explique vn peu mieux,
Tous vos Rois à l'envy briguent vostre Hymenée,
Et comme vos bontez font nostre Destinée,
Par ces mesmes bontez j'ose vous conjurer
En faisant ce grand choix de nous considerér.
Si vous prenez vn Prince, inconstant, infidelle,
Ou qui pour le party n'ait pas assez de zele,
Iugez en quel estat nous nous verrons reduits,
Si ie pourray long-temps encor ce que ie puis,
Si mon bras...

VIRIATE.

Vous formez des craintes que j'admire,
I'ay mis tous mes Estats si bien sous vostre empire,
Que quand il me plaira faire choix d'vn espoux,
Quelque projet qu'il fasse, il dépendra de vous,

TRAGEDIE.

Mais pour vous mieux oster cette friuole crainte,
Choisissez-le vous mesme, & parlez moy sans feinte,
Pour qui de tous ces Rois estes-vous sans soupçon?
A qui d'eux pouuez-vous confier ce grand nom?
SERTORIVS.
Ie voudrois faire vn choix qui pûst aussi vous plaire,
Mais à ce froid accueil que ie vous voy leur faire,
Il semble que pour tous sans aucun interest...
VIRIATE.
C'est peut-estre, Seigneur, qu'aucun d'eux ne me
    plaist,
Et que de leur haut rang la pompe la plus vaine
S'efface au seul aspect de la grandeur Romaine.
SERTORIVS.
Si donc ie vous offrois pour espoux vn Romain?
VIRIATE.
Pourrois-je refuser vn don de vostre main?
SERTORIVS.
I'ose aprés cét aueu vous faire offre d'vn homme
Digne d'estre aduoüé de l'ancienne Rome.
Il en a la naissance ; il en a le grand cœur,
Il est couuert de gloire, il est plein de valeur,
De toute vostre Espagne il a gagné l'estime,
Liberal, intrepide, affable, magnanime,
Enfin c'est Perpenna sur qui vous emportez...
VIRIATE.
I'attendois vostre nom aprés ces qualitez,
Les Eloges brillants que vous daigniez y joindre
Ne me permettoient pas d'esperer rien de moin-
    dre ;
Mais certes le détour est vn peu surprenant.
Vous donnez vne Reine à vostre Lieutenant!
Si vos Romains ainsi choisissent des Maistresses,
A vos derniers Tribuns il faudra des Princesses.

SERTORIVS,
Madame...
SERTORIVS.

VIRIATE.
Parlons net sur ce choix d'vn espoux,
Estes-vous trop pour moy ? suis-ie trop peu pour
 vous ?
C'est m'offrir, & ce mot peut blesser les oreilles,
Mais vn pareil amour sied bien à mes pareilles,
Et ie veux bien, Seigneur, qu'on sçache desormais
Que j'ay d'assez bons yeux pour voir ce que ie fais.
Ie le dis donc tout haut, afin que l'on m'entende,
Ie veux bien vn Romain, mais ie veux qu'il com-
 mande,
Et ne trouuerois pas nos Rois à dédaigner,
N'estoit qu'ils sçauent mieux obeïr, que regner.
Mais si de leur puissance ils vous laissent l'arbitre,
Leur foiblesse du moins en conserue le tiltre;
Ainsi ce noble orgueil, qui vous prefere à tous,
En prefere le moindre à tout autre qu'à vous ;
Car enfin pour remplir l'honneur de ma naissance
Il me faudroit vn Roy de tiltre & de puissance,
Et comme il n'en est plus, ie pense m'en deuoir,
Ou le pouuoir sans nom, ou le nom sans pouuoir.

SERTORIVS.
J'adore ce grand cœur qui rend ce qu'il doit rendre
Aux illustres Ayeux dont on vous voit descendre;
A de moindres pensers son orgueil abaissé
Ne soûtiendroit pas bien ce qu'ils vous ont laissé.
Mais puisque pour remplir la dignité Royale
Vostre haute naissance en demande vne égale,
Perpenna parmy nous est le seul dont le sang
Ne mesleroit point d'ombre à la splendeur du rang;
Il descend de nos Rois, & de ceux d'Etrurie.
Pour moy qu'vn ság moins noble a transmis à la vie,

TRAGEDIE.

Je n'ose m'éblouïr d'vn peu de nom fameux,
Jusqu'à deshonorer le Trône par mes vœux.
Cessez de m'estimer jusqu'à luy faire injure,
Je ne veux que le nom de vostre Creature,
Vn si glorieux tiltre a dequoy me rauir,
Il m'a fait triompher en voulant vous seruir,
Et malgré tout le peu que le Ciel m'a fait naistre.

VIRIATE.

Si vous prenez ce tiltre, agissez moins en maistre,
Ou m'apprenez du moins, Seigneur, par quelle loy
Vous n'osez m'accepter, & disposez de moy.
Accordez le respect que mon Trône vous donne
Auec cét attentat sur ma propre personne.
Voir toute mon estime, & n'en pas mieux vser,
C'en est vn qu'aucun art ne sçauroit déguiser.
Ne m'honorez donc plus jusqu'à me faire injure,
Puisque vous le voulez, soyez ma Creature,
Et me laissant en Reine ordonner de vos vœux,
Portez-les jusqu'à moy, parce que je le veux.

Pour vostre Perpenna, que sa haute naissance
N'affranchit point encor de vostre obeïssance,
Fust-il du sang des Dieux, aussi-bien que des Rois,
Ne luy promettez plus la gloire de mon choix.
Rome n'attache point le grade à la noblesse,
Vostre grand Marius nasquit dans la bassesse,
Et c'est pourtant le seul que le peuple Romain
Ait jusques à sept fois choisi pour Souuerain.
Ainsi, pour estimer chacun à sa maniere,
Au sang d'vn Espagnol je ferois grace entiere;
Mais parmy vos Romains je prens peu garde au
 sang,
Quand j'y voy la vertu prendre le plus haut rang.
Vous, si vous haïssez comme eux le nom de Reine,
Regardez-moy, Seigneur, comme Dame Romaine.

Le droit de Bourgeoisie à nos peuples donné
Ne perd rien de son prix sur vn front couronné.
Sous ce tiltre adoptif estant ce que vous estes,
Ie pense bien valoir vne de mes Sujettes,
Et si quelque Romaine a causé vos refus,
Ie suis tout ce qu'elle est, & Reine encor de plus.
Peut-estre la pitié d'vne illustre misere....

SERTORIVS.

Ie vous entens, Madame, & pour ne vous rien
    taire,
I'aduoûray qu'Aristie....

VIRIATE.

                    Elle nous a tout dit,
Ie sçay ce qu'elle espere, & ce qu'on vous écrit.
Sans y perdre de temps, ouurez vostre pensée.

SERTORIVS.

Au seul bien de la Cause elle est interessée.
Mais puisque pour oster l'Espagne à nos Tyrans
Nous prenons vous & moy des chemins diffe-
    rens,
De grace, examinez le commun auantage,
Et jugez ce que doit vn genereux courage.
Ie trahirois, Madame, & vous, & vos Estats,
De voir vn tel secours & ne l'accepter pas.
Mais ce mesme secours deuiendroit nostre perte,
S'il nous ostoit la main que vous m'auez offerte,
Et qu'vn destin jaloux de nos communs desseins
Iettast ce grand depost en de mauuaises mains.
Ie tiens Sylla perdu, si vous laissez vnie
A ce puissant renfort vostre Lusitanie;
Mais vous pouuez enfin dépendre d'vn espoux,
Et le seul Perpenna peut m'asseurer de vous.
Voyez ce qu'il a fait, ie luy dois tant, Madame,
Qu'vne juste priere en faueur de sa flâme...

VIRIA-

TRAGEDIE.

VIRIATE.

Si vous luy deuez tant, ne me deuez-vous rien,
Et luy faut-il payer vos debtes de mon bien ?
Aprés que ma Couronne a garanty vos testes,
Ne meritay-je point de part en vos conquestes ?
Ne vous ay je seruy que pour seruir toûjours,
Et m'asseurer des fers par mon propre secours ?
Ne vous y trompez pas. Si Perpenna m'espouse,
Du pouuoir souuerain ie deuiendray jalouse,
Et le rendray moy-mesme assez entreprenant,
Pour ne vous pas laisser vn Roy pour Lieutenant.
Ie vous aduoûray plus. A qui que ie me donne,
Ie voudray hautement soûtenir ma Couronne;
Et c'est ce qui me force à vous considerer,
De peur de perdre tout s'il nous faut separer.
Ie ne voy que vous seul, qui des Mers aux Monta-
   gnes
Sous vn mesme étendart puisse vnir les Espagnes,
Mais ce que ie propose en est le seul moyen.
Et quoy qu'ait fait pour vous ce cher concitoyen,
S'il vous a secouru contre la tyrannie,
Il en est bien payé d'auoir sauué sa vie.
Les malheurs du party l'accabloient à tel point,
Qu'il se voyoit perdu, s'il ne vous eust pas joint,
Et mesme, si j'en veux croire la Renommée,
Ses troupes malgré luy grossirent vostre Armée.
  Rome offre vn grand secours, du moins on vous
    l'écrit,
Mais s'armast-elle toute en faueur d'vn proscrit,
Quand nous sommes aux bords d'vne pleine vi-
   ctoire,
Quel besoin auons nous d'en partager la gloire ?
Encor vne Campagne, & nos seuls escadrons
Aux Aigles de Sylla font repasser les Monts,

C

Et ces derniers venus auront droit de nous dire
Qu'ils auront en ces lieux étably nostre Empire?
Soyons d'vn tel honneur l'vn & l'autre jaloux,
Et quand nous pouuons tout ne deuons rien qu'à
 nous.
SERTORIVS.
L'espoir le mieux fondé n'a jamais trop de forces,
Le plus heureux destin surprend par ses diuorces,
Du trop de confiance il aime à se vanger,
Et dans vn grand dessein rien n'est à negliger.
Deuons-nous exposer à tant d'incertitude
L'esclauage de Rome, & nostre seruitude,
De peur de partager auec d'autres Romains
Vn honneur où le Ciel veut peut-estre leurs mains?
Nostre gloire, il est vray, deuiendra sans se-
 conde,
Si nous faisons sans eux la liberté du Monde,
Mais si quelque malheur suit tant d'heureux com-
 bats,
Quels reproches cruels ne nous ferons-nous pas?
D'ailleurs, considerez que Perpenna vous aime,
Qu'il est, ou qu'il se croit digne du Diadême,
Qu'il peut icy beaucoup, qu'il s'est veu de tout
 temps
Qu'en gouuernant le mieux on fait des mécon-
 tens,
Que picqué du mépris il osera peut-estre.
VIRIATE.
Tranchez le mot, Seigneur, ie vous ay fait mon
 maistre,
Et ie dois obeïr malgré mon sentiment,
C'est à quoy se reduit tout ce raisonnement.
 Faites, faites entrer ce Heros d'importance,
Que ie fasse vn essay de mon obeïssance,

TRAGEDIE.

Et si vous le craignez, craignez autant du moins
Vn long & vain regret d'auoir presté vos soins.

SERTORIVS.

Madame, croiriez-vous...,

VIRIATE.

Ce mot vous doit suffire,
I'entens ce qu'on me dit, & ce qu'on me veut dire,
Allez, faites luy place, & ne presumez pas...

SERTORIVS.

Ie parle pour vn autre, & toutefois, Helas!
Si vous sçauiez...

VIRIATE.

Seigneur, que faut-il que ie sçache?
Et quel est le secret que ce soûpir me caché?

SERTORIVS.

Ce soûpir redoublé...

VIRIATE.

N'acheuez point, allez,
Ie vous obeïray plus que vous ne voulez.

SCENE III
VIRIATE, THAMIRE.

THAMIRE.
SA dureté m'étonne, & ie ne puis, Madame...
VIRIATE.
L'apparence t'abuse, il m'aime au fond de l'ame.
THAMIRE.
Quoy, quand pour vn riual il s'obstine au refus...
VIRIATE.
Il veut que ie l'amuse, & ne veut rien de plus.
THAMIRE.
Vous auez des clartez que mon insuffisance...
VIRIATE.
Parlons à ce riual, le voilà qui s'auance.

SCENE IV.

VIRIATE, PERPENNA,
AVFIDE, THAMIRE.

VIRIATE.

Vous m'aimez, Perpenna, Sertorius le dit,
Ie croy sur sa parole, & luy dois tout credit.
Ie sçay donc vostre amour ; mais tirez-moy de
  peine.
Par où prétendez-vous meriter vne Reine,
A quel tiltre luy plaire, & par quel charme vn jour
Obliger sa Couronne à payer vostre amour?

PERPENNA.

Par de sinceres vœux, par d'assidus seruices,
Par de profonds respects, par d'humbles sacrifices,
Et si quelques effets peuuent justifier....

VIRIATE.

Et bien, qu'estes-vous prest de luy sacrifier?

PERPENNA.

Tous mes soins, tout mon sang, mon courage, ma
  vie.

VIRIATE.

Pourriez-vous la seruir dans vne jalousie?

PERPENNA.

Ah, Madame....

VIRIATE.

    A ce mot en vain le cœur vous bat,
Elle n'est pas d'amour ; elle n'est que d'Estat.
I'ay de l'ambition, & mon orgueil de Reine
Ne peut voir sans chagrin vne autre Souueraine,

SERTORIVS,
Qui sur mon propre Trône à mes yeux s'éleuant,
Iusques dans mes Estats prenne le pas-deuant.
Sertorius y regne, & dans tout nostre Empire
Il dispense des loix où j'ay voulu souscrire :
Ie ne m'en repens point, il en a bien vsé,
Ie rends graces au Ciel qui l'a fauorisé,
Mais pour vous dire enfin dequoy ie suis jalouse,
Quel rang puis-je garder auprés de son Espouse ?
Aristie y prétend, & l'offre qu'elle fait,
Ou que l'on fait pour elle, en asseure l'effet.
Deliurez nos climats de cette vagabonde
Qui vient par son exil troubler vn autre Monde,
Et forcez-là sans bruit d'honorer d'autres lieux
De cét illustre objet qui me blesse les yeux.
Assez d'autres Estats luy presteront azyle.

PERPENNA.

Quoy que vous m'ordonniez, tout me sera facile;
Mais quand Sertorius ne l'espousera pas,
Vn autre Hymen vous met dans le mesme embarras,
Et qu'importe aprés tout d'vne autre, ou d'Aristie,
Si....

VIRIATE.

Rompons, Perpenna, rompons cette partie,
Donnons ordre au present, & quant à l'auenir,
Suiuant l'occasion nous sçaurons y fournir,
Le temps est vn grand maistre, il regle bien des choses.
Enfin ie suis jalouse, & vous en dis les causes,
Voulez-vous me seruir ?

PERPENNA.

Si ie le veux ? j'y cours,
Madame, & meurs déja d'y consacrer mes jours,
Mais pourray-je esperer que ce foible seruice
Attirera sur moy quelque regard propice,

TRAGEDIE.

Que le cœur attendry sera suiure...
VIRIATE.
Arrestez,
Vous porteriez trop loin des vœux précipitez.
Sans doute vn tel seruice aura droit de me plaire,
Mais laissez-moy de grace arbitre du salaire,
Ie ne suis point ingrate, & sçay ce que ie dois,
Et c'est vous dire assez pour la premiere fois.
Adieu.

SCENE V.

PERPENNA, AVFIDE.

AVFIDE.
Vous le voyez, Seigneur, côme on vous jouë,
Tout son cœur est ailleurs, Sertorius l'aduouë,
Et fait auprés de vous l'officieux Riual,
Cependant que la Reine...
PERPENNA.
Ah, n'en juge point mal,
A luy rendre seruice elle m'ouure vne voye,
Que tout mon cœur embrasse auec excez de joye.
AVFIDE.
Vous ne voyez donc pas que son esprit jaloux
Ne cherche à se seruir de vous, que contre vous,
Et que rompant le cours d'vne flâme nouuelle,
Vous forcez ce riual à retourner vers elle ?
PERPENNA.
N'importe, seruons-là, meritons son amour,
La force & la vangeance agiront à leur tour,

SERTORIVS,
Hazardôs quelques jours sur l'espoir qui nous flâte,
Deussions-nous pour tout fruit ne faire qu'vne ingrate.
AVFIDE.
Mais, Seigneur....
PERPENNA.
Espargnons les discours superflus,
Songeons à la seruir & ne contestons plus,
Cét vnique soucy tient mon ame occupée.
Cependant de nos murs on découure Pompée,
Tu sçais qu'on me l'a dit, allons le receuoir,
Puisque Sertorius m'impose ce deuoir.

Fin du second Acte.

ACTE III.

SCENE PREMIERE.
SERTORIVS, POMPE'E,
Suite.

SERTORIVS.

SEIGNEVR, qui des Mortels eust
jamais osé croire
Que la Tréve à tel point deust rehaus-
ser ma gloire?
Qu'vn nom à qui la guerre a fait trop applaudir
Dans l'ombre de la paix trouuast à s'agrandir?
Certes ie doute encor si ma veuë est trompée,
Alors que dans ces murs ie voy le grand Pompée,
Et quand il luy plaira ie sçauray quel bonheur
Comble Sertorius d'vn tel excez d'honneur.

POMPE'E.

Deux raisons, mais, Seigneur, faites qu'on se retire,
Afin qu'en liberté ie puisse vous les dire.
  L'inimitié qui regne entre nos deux partis
N'y rend pas de l'honneur tous les droits amortis,
Comme le vray merite a ses prerogatiues
Qui prennent le dessus des haines les plus viues,

L'estime & le respect sont de justes tributs
Qu'aux plus fiers ennemis arrachent les vertus;
Et c'est ce que vient rendre à la haute vaillance,
Dont ie ne fais icy que trop d'experience,
L'ardeur de voir de prés vn si fameux Heros,
Sans luy voir en la main piqués, ny iauelots,
Et le front desarmé de ce regard terrible,
Qui dans nos escadrons guide vn bras inuincible.
 Ie suis ieune, & guerrier, & tant de fois vainqueur,
Que mon trop de fortune a pû m'enfler le cœur;
Mais, (& ce franc aueu sied bien aux grands cou-
    rages)
I'apprens plus contre vous par mes desaduantages,
Que les plus beaux succez qu'ailleurs j'aye em-
    portez
Ne m'ont encor appris par mes prosperitez.
Ie voy ce qu'il faut faire à voir ce que vous faites,
Les sieges, les assauts, les sçauantes retraites,
Bien camper, bien choisir à chacun son employ,
Vostre exemple est par tout vne étude pour moy.
Ah, si ie vous pouuois rendre à la Republique,
Que ie croirois luy faire vn present magnifique!
Et que j'irois, Seigneur, à Rome auec plaisir,
Puisque la Tréve enfin m'en donne le loisir,
Si j'y pouuois porter quelque foible esperance
D'y conclurre vn accord d'vne telle importance!
Prés de l'heureux Sylla ne puis-je rien pour vous?
Et prés de vous, Seigneur, ne puis-je rien pour tous?

SERTORIVS.

Vous me pourriez sans doute épargner quelque
    peine,
Si vous vouliez auoir l'ame toute Romaine;
Mais auant que d'entrer en ces difficultez,
Souffrez que ie réponde à vos ciuilitez.

TRAGEDIE.

Vous ne me donnez rien par cette haute estime
Que vous n'ayez déja dans le degré sublime.
La Victoire attachée à vos premiers exploits,
Vn Triomphe auant l'âge où le souffrent nos loix,
Auant la Dignité qui permet d'y prétendre,
Font trop voir quels respects l'Vniuers vous doit
  rendre.
Si dans l'occasion ie ménage vn peu mieux
L'assiette du païs, & la faueur des lieux,
Si mon experience en prend quelque aduantage,
Le grand art de la guerre attend quelquefois l'âge,
Le temps y fait beaucoup, & de mes actions
S'il vous a plû tirer quelques instructions,
Mes exemples vn jour ayant fait place aux vostres,
Ce que ie vous apprens, vous l'apprédrez à d'autres,
Et ceux qu'aura ma mort saisis de mon employ
S'instruiront contre vous, comme vous contre moy.
  Quant à l'heureux Sylla, ie n'ay rien à vous dire,
Ie vous ay montré l'art d'affoiblir son Empire,
Et si ie puis jamais y joindre des leçons
Dignes de vous apprendre à repasser les Monts,
Ie suiuray d'assez prés vostre illustre retraite,
Pour traiter auec luy sans besoin d'interprete,
Et sur les bords du Tibre vne pique à la main
Luy demander raison pour le peuple Romain.

POMPE'E.

De si hautes leçons, Seigneur, sont difficiles,
Et pourroient vous donner quelques soins inutiles,
Si vous faisiez dessein de me les expliquer,
Iusqu'à m'auoir appris à les bien pratiquer.

SERTORIVS.

Aussi me pourriez-vous épargner quelque peine,
Si vous vouliez auoir l'ame toute Romaine,
Ie vous l'ay déja dit.

POMPE'E.
Ce discours rebatu
Lasseroit vne austere & farouche vertu.
Pour moy, qui vous honore assez pour me contraindre
A fuir obstinément tout sujet de m'en plaindre,
Ie ne veux rien comprendre en ses obscuritez.
SERTORIVS.
Ie sçay qu'on n'aime point de telles veritez,
Mais, Seigneur, estant seuls ie parle auec franchise,
Bannissant les témoins vous me l'auez permise,
Et ie garde auec vous la mesme liberté,
Que si vostre Sylla n'auoit jamais esté.
Est-ce estre tout Romain, qu'estre Chef d'vne guerre
Qui veut tenir aux fers les maistres de la Terre?
Ce nom sans vous & luy nous seroit encor dû,
C'est par luy, c'est par vous que nous l'auons perdu,
C'est vous qui sous le joug traînez des cœurs si braues,
Ils estoient plus que Rois, ils sont moindres qu'esclaues,
Et la gloire qui suit vos plus nobles trauaux
Ne fait qu'approfondir l'abysme de leurs maux,
Leur misere est le fruit de vostre illustre peine,
Et vous pensez auoir l'ame toute Romaine?
Vous auez herité ce nom de vos Ayeux,
Mais s'il vous estoit cher, vous le rempliriez mieux.
POMPE'E.
Ie croy le bien remplir, quand tout mon cœur s'applique
Aux soins de rétablir vn jour la Republique;
Mais vous jugez, Seigneur, de l'ame par le bras,
Et souuent l'vn paroit ce que l'autre n'est pas.

Lors

TRAGEDIE.

Lors que deux factions diuisent vn Empire,
Chacun suit au hazard la meilleure, ou la pire,
Suiuant l'occasion, ou la necessité,
Qui l'emporte vers l'vn ou vers l'autre costé.
Le plus juste party difficile à connoistre
Nous laisse en liberté de nous choisir vn maistre,
Mais quand ce choix est fait, on ne s'en dédit plus.
I'ay seruy sous Sylla du temps de Marius,
Et seruiray sous luy, tant qu'vn Destin funeste
De nos diuisions soûtiendra quelque reste.
Comme ie ne voy pas dans le fond de son cœur,
I'ignore quels projets peut former son bonheur:
S'il les pousse trop loin, moy-mesme ie l'en blasme,
Ie luy preste mon bras sans engager mon ame,
Ie m'abandonne au cours de sa felicité,
Tandis que tous mes vœux sont pour la liberté;
Et c'est ce qui me force à garder vne place,
Qu'vsurperoient sans moy l'injustice & l'audace,
Afin que, Sylla mort, ce dangereux pouuoir
Ne tombe qu'en des mains qui sçachent leur deuoir.
Enfin, ie sçay mon but, & vous sçauez le vostre.

SERTORIVS.

Mais cependant, Seigneur, vous seruez comme vn
   autre;
Et nous, qui jugeons tout sur la foy de nos yeux,
Et laissons le dedans à penetrer aux Dieux,
Nous craignons vostre exemple, & doutons si dans
   Rome
Il n'instruit point le peuple à prendre loy d'vn
   homme;
Et si vostre valeur sous le pouuoir d'autruy
Ne seme point pour vous lors qu'elle agit pour luy.
  Comme ie vous estime, il m'est aisé de croire
Que de la liberté vous feriez vostre gloire,

D

Que vostre ame en secret luy donne tous ses vœux;
Mais si je m'en rapporte aux esprits soupçonneux,
Vous aidez aux Romains à faire essay d'vn maistre,
Sous ce flateur espoir qu'vn jour vous pourrez l'estre.
La main qui les opprime, & que vous soûtenez,
Les accoustume au joug que vous leur destinez,
Et doutant s'ils voudront se faire à l'esclauage,
Aux perils de Sylla vous tastez leur courage.

POMPEE.

Le temps détrompera ceux qui parlent ainsi,
Mais justifira-t'il ce que l'on voit icy ?
Permettez qu'à mon tour je parle auec franchise,
Vostre exemple à la fois m'instruit, & m'authorise,
Ie juge comme vous sur la foy de mes yeux,
Et laisse le dedans à penetrer aux Dieux.
Ne vit-on pas icy sous les ordres d'vn homme ?
N'y commandez-vous pas, comme Sylla dans Rome?
Du nom de Dictateur, du nom de General,
Qu'importe, si des deux le pouuoir est égal ?
Les tiltres differens ne font rien à la chose,
Vous imposez des loix, ainsi qu'il en impose,
Et s'il est perilleux de s'en faire haïr,
Il ne seroit pas seur de vous desobeïr.
Pour moy si quelque jour je suis ce que vous estes,
I'en vseray peut-estre alors comme vous faites,
Iusques-là,

SERTORIVS.

Vous pourriez en douter jusques-là,
Et me faire vn peu moins ressembler à Sylla.
Si je commande icy, le Senat me l'ordonne,
Mes ordres n'ont encor assassiné personne,
Ie n'ay pour ennemis que ceux du bien commun,
Ie leur fais bonne guerre, & n'en proscris pas vn,

TRAGEDIE.

C'est vn azyle ouuert que mon pouuoir supréme,
Et si l'on m'obeit, ce n'est qu'autant qu'on m'aime.

POMPEE.
Et vostre empire en est d'autant plus dangereux,
Qu'il rend de vos vertus les peuples amoureux,
Qu'en assujettissant vous auez l'art de plaire,
Qu'on croit n'estre en vos fers qu'esclaue volon-
   taire,
Et que la liberté trouuera peu de jour
A détruire vn pouuoir que fait regner l'amour.
   Ainsi parlent, Seigneur, les ames soupçonneuses;
Mais n'examinons point ces questions fâcheuses,
Ny si c'est vn Senat qu'vn amas de bannis
Que cét azyle ouuert sous vous a réünis.
Vne seconde fois, n'est-il aucune voye
Par où ie puisse à Rome emporter quelque joye ?
Elle seroit extréme à trouuer les moyens
De rendre vn si grand homme à ses concitoyens,
Il est doux de reuoir les murs de la Patrie,
C'est elle par ma voix, Seigneur, qui vous en prie,
C'est Rome.

SERTORIVS.
Le sejour de vostre Potentat,
Qui n'a que ses fureurs pour Maximes d'Estat ?
Ie n'appelle plus Rome vn enclos de murailles
Que ses proscriptions comblent de funerailles;
Ces murs, dont le destin fut autrefois si beau,
N'en sont que la prison, ou plustost le tombeau.
Mais pour reuiure ailleurs dans sa premiere force,
Auec les faux Romains elle a fait plein diuorce,
Et comme autour de moy j'ay tous ses vrais appuis,
Rome n'est plus dans Rome, elle est toute où ie suis.
   Parlons pourtant d'accord. Ie ne sçay qu'vne voye
Qui puisse auec honneur nous donner cette joye,

D ij

SERTORIVS,

Vnissons-nous ensemble, & le Tyran est bas,
Rome à ce grand dessein ouurira tous ses bras.
Ainsi nous ferons voir l'amour de la Patrie,
Pour qui vont les grands cœurs jusqu'à l'idolatrie,
Et nous épargnerons ces flots de sang Romain,
Que versent tous les ans vostre bras & ma main.

POMPEE.

Ce projet, qui pour vous est tout brillant de gloire,
N'auroit-il rien pour moy d'vne action trop noire?
Moy qui commande ailleurs, puis-je seruir sous
   vous?

SERTORIVS.

Du droit de commander ie ne suis point jaloux,
Ie ne l'ay qu'en depost, & ie vous l'abandonne,
Non jusqu'à vous seruir de ma seule personne,
Ie pretens vn peu plus, mais dans cette vnion
De vostre Lieutenant m'enuiriez-vous le nom?

POMPEE.

De pareils Lieutenants n'ont des Chefs qu'en idée,
Leur nom retient pour eux l'authorité cedée,
Ils n'en quittét que l'ombre, & l'on ne sçait que c'est
De suiure, ou d'obeïr, que suiuant qu'il leur plaist.
Ie sçais vne autre voye, & plus noble, & plus seure.
Sylla, si vous voulez, quitte sa Dictature,
Et déja de luy-mesme il s'en seroit démis,
S'il voyoit qu'en ces lieux il n'eust plus d'ennemis,
Mettez les armes bas, ie répons de l'issuë,
I'en donne ma parole aprés l'auoir receuë,
Si vous estes Romain, prenez l'occasion.

SERTORIVS.

Ie ne m'éblouïs point de cette illusion,
Ie connoy le Tyran, j'en voy le stratageme,
Quoy qu'il semble promettre, il est toûjours luy
   mesme,

TRAGEDIE.

Vous qu'à sa deffiance il a sacrifié,
Iusques à vous forcer d'estre son allié.
POMPEE.
Helas! ce mot me tuë, & ie le dis sans feinte,
C'est l'vnique sujet qu'il m'a donné de plainte,
I'aimois mon Aristie, il m'en vient d'arracher,
Mon cœur fremit encore à me le reprocher,
Vers tant de biens perdus sans cesse il me rappelle,
Et ie vous rens, Seigneur, mille graces pour elle,
A vous, à ce grand cœur, dont la compassion
Daigne icy l'honorer de sa protection.
SERTORIVS.
Proteger hautement les vertus malheureuses,
C'est le moindre deuoir des ames genereuses;
Aussi fay-je encor plus, ie luy donne vn espoux.
POMPEE.
Vn espoux! Dieux, qu'entens-je? & qui, Seigneur?
SERTORIVS.
        Moy.
POMPEE.   Vous!
Seigneur, toute son ame est à moy dés l'enfance,
N'imitez point Sylla par cette violence,
Mes maux sont assez grands, sans y joindre celuy
De voir tout ce que j'aime entre les bras d'autruy.
SERTORIVS.
Tout est encor à vous. Venez, venez, Madame,
Faire voir quel pouuoir j'vsurpe sur vostre ame,
Et montrer, s'il se peut, à tout le genre humain
La force qu'on vous fait pour me donner la main.
POMPEE.
C'est elle-mesme, O Ciel!
SERTORIVS.
      Ie vous laisse auec elle,
Et sçay que tout son cœur vous est encor fidelle,

D iij

Reprenez voſtre bien, ou ne vous plaignez plus,
Si j'oſe m'enrichir, Seigneur, de vos refus.

SCENE II.
POMPÉE, ARISTIE.

POMPEE.

ME dit-on vray, Madame ? & ſeroit-il poſſible...
ARISTIE.
Oüy, Seigneur, il eſt vray que j'ay le cœur ſenſible,
Suiuant qu'on m'aime ou hait, j'aime ou hais à mon
 tour,
Et ma gloire ſoûtient ma haine & mon amour.
Mais ſi de mon amour elle eſt la Souueraine,
Elle n'eſt pas toûjours maiſtreſſe de ma haine,
Ie ne la ſuis pas meſme, & ie hay quelquefois,
Et moins que ie ne veux, & moins que ie ne dois.
POMPEE.
Cette haine a pour moy toute ſon eſtenduë,
Madame, & la pitié ne l'a point ſuſpenduë,
La generoſité n'a pû la moderer.
ARISTIE.
Vous ne voyez donc pas qu'elle a peine à durer.
Mon feu, qui n'eſt eſteint que parce qu'il doit l'eſtre,
Cherche en dépit de moy le voſtre pour renaiſtre,
Et ie ſens qu'à vos yeux mon couroux chancelant
Trébuche, perd ſa force, & meurt en vous parlant.
M'aimeriez-vous encor, Seigneur ?
POMPEE.
Si ie vous aime ?
Demandez ſi ie vis, ou ſi ie ſuis moy-meſme,

TRAGEDIE.

Voſtre amour eſt ma vie, & ma vie eſt à vous.
ARISTIE.
Sortez de mon eſprit reſſentimens jaloux,
Noirs enfans du dépit, ennemis de ma gloire,
Triſtes reſſentimens, ie ne veux plus vous croire,
Quoy qu'on m'ait fait d'outrage, il ne m'en ſou-
  uient plus.
Plus de nouuel Hymen, plus de Sertorius,
Ie ſuis au Grād Pompée, & puiſqu'il m'aime encore,
Puiſqu'il me rend ſon cœur, de nouueau ie l'adore,
Plus de Sertorius. Mais, Seigneur, répondez,
Faites parler ce cœur qu'enfin vous me rendez.
Plus de Sertorius. Helas! quoy que ie die,
Vous ne me dites point, Seigneur, plus d'Æmilie.

Rentrez dans mon eſprit, jaloux reſſentimens,
Fiers enfans de l'honneur, nobles emportemens,
C'eſt vous que ie veux croire, & Pompée infidelle
Ne ſçauroit plus ſouffrir que ma haine chancelle,
Ie l'affermit pour moy. Venez, Sertorius,
Il me rend toute à vous par ce muet refus,
Donnons ce grand témoin à ce grand Hymenée,
Son ame toute ailleurs n'en ſera point gênée,
Il le verra ſans peine, & cette dureté
Paſſera chez Sylla pour magnanimité.
POMPEE.
Ce qu'il vous fait d'injure également m'outrage,
Mais enfin ie vous aime, & ne puis dauantage.
Vous, ſi iamais ma flame eut pour vous quelque
  appas,
Plaignez-vous, haïſſez, mais ne vous donnez pas,
Demeurez en eſtat d'eſtre toûjours ma femme,
Gardez juſqu'au tombeau l'empire de mon ame,
Sylla n'a que ſon temps, il eſt vieil & caſſé,
Son règne paſſera, s'il n'eſt déja paſſé,

SERTORIVS,
Ce grand pouuoir luy pese, il s'appreste à le rendre,
Comme à Sertorius ie veux bien vous l'apprendre,
Ne vous jettez donc point, Madame, en d'autres bras,
Plaignez-vous, haïssez, mais ne vous donnez pas,
Si vous voulez ma main, n'engagez point la vostre.
ARISTIE.
Mais quoy? n'estes-vous pas entre les bras d'vn autre?
POMPE'E.
Non, puisqu'il vous en faut confier le secret,
Æmilie à Sylla n'obeït qu'à regret,
Des bras d'vn autre espoux ce Tyran qui l'arrache
Ne rompt point dans son cœur le saint nœud qui
   l'attache,
Elle porte en ses flanes vn fruit de cét amour
Que bien-tost chez moy-mesme elle va mettre au
   jour,
Et dans ce triste estat sa main qu'il m'a donnée
N'a fait que l'éblouïr par vn feint Hymenée,
Tandis que toute entiere à son cher Glabrion
Elle paroit ma femme, & n'en a que le nom.
ARISTIE.
Et ce nom seul est tout pour celles de ma sorte.
Rendez-le-moy, Seigneur, ce grand nom qu'elle
   porte,
I'aimay vostre tendresse, & vos empressemens,
Mais ie suis au dessus de ces attachemens,
Et tout me sera doux, si ma trame coupée
Me rend à mes Ayeux en femme de Pompée,
Et que sur mon tombeau ce grand tiltre graué
Monstre à tout l'aduenir que ie l'ay conserué.
I'en fais toute ma gloire, & toutes mes delices,
Vn moment de sa perte a pour moy des supplices,
Vangez-moy de Sylla qui me l'oste aujourd'huy,
Ou souffrez qu'on me vange, & de vous, & de luy,

TRAGEDIE.

Qu'vn autre Hymen me rende vn tiltre qui l'égale,
Qu'il me releue autant que Sylla me rauale ;
Non que ie puisse aimer aucun autre que vous,
Mais pour vanger ma gloire il me faut vn espoux,
Il m'en faut vn illustre, & dont la Renommée...

POMPE'E.
Ah, ne vous lassez point d'aimer, & d'estre aimée,
Peut-estre touchons-nous au moment desiré,
Qui sçaura reünir ce qu'on a separé.
Ayez plus de courage, & moins d'impatience,
Souffrez que Sylla meure, ou quitte sa puissance.

ARISTIE.
I'attendray de sa mort, ou de son repentir,
Qu'à me rendre l'honneur vous daigniez consentir,
Et ie verray toûjours vostre cœur plein de glace,
Mon Tyran impuny, ma riuale en ma place,
Iusqu'à ce qu'il renonce au pouuoir absolu,
Apres l'auoir gardé tant qu'il l'aura voulu ?

POMPE'E.
Mais tant qu'il pourra tout, que pourray-je, Madame ?

ARISTIE.
Suiure en tous lieux, Seigneur, l'exil de vostre femme,
La ramener chez vous auec vos legions,
Et rendre vn heureux calme à nos diuisions.
Que ne pourrez-vous point en teste d'vne Armée,
Par tout, hors de l'Espagne, à vaincre accoustumée ?
Et quand Sertorius sera joint auec vous,
Que pourra le Tyran ? qu'osera son couroux ?

POMPE'E.
Ce n'est pas s'affranchir qu'vn moment le paroistre,
Ny secoüer le joug que de changer de maistre,
Sertorius pour vous est vn illustre appuy,
Mais en faire le mien, c'est me ranger sous luy,

Ioindre nos étendars, c'est grossir son empire,
Perpenna qui la joint sçaura que vous en dire,
Ie sers, mais jusqu'icy Pordre vient de si loin,
110   Qu'auant qu'on le reçoiue, il n'en est plus besoin,
Et ce peu que j'y rends de vaine deference
Ialoux du vray pouuoir ne sert qu'en apparence.
Ie croy n'auoir plus mesme à seruir qu'vn moment,
Et quand Sylla prepare vn si doux changement,
Pouuez-vous m'ordonner de me bannir de Rome,
Pour la remettre au joug sous les loix d'vn autre
   homme,
Moy qui ne suis jaloux de mon autorité,
Que pour luy rendre vn jour toute sa liberté?
Non, non, si vous m'aimez, comme j'aime à le
   croire,
Vous sçaurez accorder vostre amour, & ma gloire,
Ceder auec prudence au temps prest à changer,
Et ne me perdre pas au lieu de vous vanger.
       ARISTIE.
Si vous m'auez aimée, & qu'il vous en souuienne,
Vous mettrez vostre gloire à me rendre la mienne.
Mais il est temps qu'vn mot termine ces debats.
Me voulez-vous, Seigneur? ne me voulez-vous pas?
Parlez, que vostre choix regle ma Destinée.
Suis-je encor à l'espoux à qui l'on m'a donnée?
Suis-je à Sertorius? c'est assez consulté,
Rendez-moy mes liens, ou pleine liberté.
       POMPE'E.
Ie le voy bien, Madame, il faut rompre la Tréue,
Pour briser en vainqueur cet Hymen, s'il s'acheue,
Et vous sçauez si peu l'art de vous secourir,
Que pour vous en instruire il faut vous conquerir,
       ARISTIE.
Sertorius sçait vaincre, & garder ses conquestes,

TRAGEDIE.
POMPE'E.
La vostre à la garder coûtera bien des testes;
Comme elle fermera la porte à tout accord,
Rien ne l'en peut jamais asseurer que ma mort.
Ouy, j'en jure les Dieux, s'il faut qu'il vous obtienne,
Rien ne peut empescher sa perte, que la mienne,
Et peut-estre tous deux l'vn par l'autre percez
Nous vous ferons cõnoistre à quoy vous nous forcez.
ARISTIE.
Ie ne suis pas, Seigneur, d'vne telle importance.
D'autres soins éteindrõt cette ardeur de vangeance,
Ceux de vous agrandir vous porteront ailleurs,
Où vous pourrez trouuer quelques destins meilleurs.
Ceux de seruir Sylla, d'aimer son Æmilie,
D'imprimer du respect à toute l'Italie,
De rendre à vostre Rome vn jour sa liberté,
Sçauront tourner vos pas de quelqu'autre costé.
Sur tout ce priuilege acquis aux grandes ames,
De changer à leur gré de maris & de femmes,
Merite qu'on l'étale aux bouts de l'Vniuers,
Pour en donner l'exemple à cent climats diuers.
POMPE'E.
Ah, c'en est trop, Madame, & de nouueau ie jure...
ARISTIE.
Seigneur, les veritez font-elles quelque injure?
POMPE'E.
Vous oubliez trop tost que ie suis vostre espoux.
ARISTIE.
Ah, si ce nom vous plaist, ie suis encor à vous,
Voilà ma main, Seigneur.
POMPE'E.
Gardez-la-moy, Madame.

SERTORIVS,
ARISTIE.
Tandis que vous auez à Rome vne autre femme?
Que par vn autre Hymen vous me deshonorez?
Me punissent les Dieux que vous auez jurez,
Si passé ce moment, & hors de vostre veuë,
Ie vous garde vne foy que vous auez rompuë.
POMPEE.
Qu'allez-vous faire? Helas!
ARISTIE.
     Ce que vous m'enseignez.
POMPEE.
Esteindre vn tel amour!
ARISTIE.
     Vous mesme l'éteignez.
POMPEE.
La victoire aura droit de le faire renaistre.
ARISTIE.
Si ma haine est trop foible, elle la fera croistre.
POMPEE.
Pourrez-vous me haïr?
ARISTIE.
     I'en fay tous mes souhaits.
POMPEE.
Adieu donc pour deux jours.
ARISTIE.
     Adieu, pour tout iamais.

Fin du troisième Acte.

ACTE

ACTE IV.

SCENE PREMIERE.

SERTORIVS, THAMIRE.

SERTORIVS.

OVRRAY-je voir la Reine.
THAMIRE.
Attendant qu'elle vienne,
Elle m'a commandé que ie vous entre-
tienne,
Et veut demeurer seule encor quelques momens.
SERTORIVS.
Ne m'apprendrez-vous point où vont ses sentimés,
Ce que doit Perpenna conceuoir d'esperance?
THAMIRE.
Elle ne m'en fait pas beaucoup de confidence,
Mais j'ose presumer, qu'offert de vostre main,
Il aura peu de peine à fléchir son dédain,
Vous pouuez tout sur elle.
SERTORIVS.
Ah, j'y puis peu de chose,
Si jusqu'à l'accepter mon malheur la dispose,
Ou pour en parler mieux, j'y puis trop, & trop peu.

E

THAMIRE.
Elle croit fort vous plaire en secondant son feu.
SERTORIVS.
Me plaire ?
THAMIRE.
Ouy, mais, Seigneur, d'où vient cette surprise,
Et dequoy s'inquiete vn cœur qui la méprise ?
SERTORIVS.
N'appellez point mépris vn violent respect,
Que sur mes plus doux vœux fait regner son aspect.
THAMIRE.
Il est peu de respects qui ressemblent au vostre,
S'il ne sçait que trouuer des raisons pour vn autre,
Et ie prefererois vn peu d'emportement
Aux plus humbles deuoirs d'vn tel accablement.
SERTORIVS.
Il n'en est rien party capable de me nuire,
Qu'vn soûpir échapé ne deust soudain détruire;
Mais la Reine sensible à de nouueaux desirs
Entendoit mes raisons, & non pas mes soûpirs.
THAMIRE.
Seigneur, quand vn Romain, quand vn Heros soû-
pire,
Nous n'entendons pas bien ce qu'vn soûpir veut
dire,
Et ie vous seruirois de meilleur truchement,
Si vous vous expliquiez vn peu plus clairement.
Ie sçay qu'en ce climat, que vous nommez Bar-
bare,
L'amour par vn soûpir quelquefois se declare;
Mais la gloire qui fait toutes vos passions
Vous met trop au dessus de ces impressions,
De tels desirs trop bas pour les grands cœurs de
Rome.

TRAGEDIE.
SERTORIVS.

Ah, pour estre Romain, ie n'en suis pas moins
  homme.
I'aime, & peut-estre plus qu'on n'a jamais aimé,
Malgré mon âge & moy mon cœur s'est enflâmé,
I'ay crû pouuoir me vaincre, & toute mon adresse
Dans mes plus grands efforts m'a fait voir ma foi-
  blesse.
Ceux de la Politique, & ceux de l'amitié
M'ont mis en vn estat à me faire pitié,   1200
Le souuenir m'en tuë, & ma vie incertaine
Dépend d'vn peu d'espoir que j'attens de la Reine,
Si toutefois...
THAMIRE.
Seigneur, elle a de la bonté,
Mais ie voy son esprit fortement irrité,
Et si vous m'ordonnez de vous parler sans feindre,
Vous pouuez esperer, mais vous auez à craindre,
N'y perdez point de temps, & ne negligez rien,
C'est peut-estre vn dessein mal ferme que le sien,
La voicy, profitez des aduis qu'on vous donne,
Et gardez bien sur tout qu'elle ne m'en soupçonne.

E ij

SCENE II.

SERTORIVS, VIRIATE, THAMIRE.

VIRIATE.

On m'a dit qu'Aristie a manqué son projet,
Et que Pompée échape à cét illustre objet.
Seroit-il vray, Seigneur?
SERTORIVS.
Il est trop vray, Madame.
Mais bien qu'il l'abandonne, il l'adore dans l'ame,
Et rompra, m'a-t'il dit, la Tréve dés demain,
S'il voit qu'elle s'apreste à me donner la main.
VIRIATE.
Vous vous alarmez peu d'vne telle menace?
SERTORIVS.
Ce n'est pas en effet ce qui plus m'embarasse,
Mais vous, pour Perpenna qu'auez-vous resolu?
VIRIATE.
D'obeïr sans remise au pouuoir absolu,
Et si d'vne offre en l'air vostre ame encor frappée
Veut bien s'embarasser du rebut de Pompée,
Il ne tiendra qu'à vous, que dés demain tous deux
De l'vn & l'autre Hymen nous n'asseurions les nœuds,
Deust se rompre la Tréve, & deust la jalousie
Iusqu'au dernier éclat pousser sa frenesie.
SERTORIVS.
Vous pourrez dés demain...

TRAGEDIE.

VIRIATE.
Dés ce mesme moment.
Ce n'est pas obeïr qu'obeïr lentement,
Et quand l'obeïssance a de l'exactitude,
Elle voit que sa gloire est dans la promptitude.

SERTORIVS.
Mes prieres pouuoient souffrir quelques refus.

VIRIATE.
Ie les prendray toûjours pour ordres absolus,
Qui peut ce qui luy plaist cômande alors qu'il prie.
D'ailleurs Perpenna m'aime auec idolatrie,
Tant d'amour, tant de Rois d'où son sang est venu,
Le pouuoir souuerain dont il est soûtenu,
Valent bien tous ensemble vn Trône imaginaire,
Qui ne peut subsister que par l'heur de vous plaire.

SERTORIVS.
Ie n'ay donc qu'à mourir en faueur de ce choix,
I'en ay receu la loy de vostre propre voix,
C'est vn ordre absolu qu'il est temps que j'entende.
Pour aimer vn Romain vous voulez qu'il cômande,
Et comme Perpenna ne le peut sans ma mort,
Pour remplir vostre Trône il luy faut tout mon sort.
Luy donner vostre main, c'est m'ordôner, Madame,
De luy ceder ma place au camp, & dans vostre ame.
Il est, il est trop juste, aprés vn tel bonheur,
Qu'il l'ait dâs nostre Armée, ainsi qu'en vostre cœur,
I'obeïs sans murmure, & veux bien que ma vie

VIRIATE.
Auant que par cét ordre elle vous soit rauie,
Puis-je me plaindre à vous d'vn retour inégal
Qui tient moins d'vn amy qu'il ne fait d'vn riual?
Vous trouuez ma faueur & trop prompte, & trop
    pleine!
L'Hymen où je m'apreste est pour vous vne gêne!

E iij

Vous m'en parlez enfin comme si vous m'aimiez!
SERTORIVS.
Souffrez aprés ce mot que ie meure à vos pieds.
J'y veux bien immoler tout mon bonheur au vostre,
Mais ie ne vous puis voir entre les bras d'vn autre,
Et c'est assez vous dire à quelle extremité
Me reduit vn amour que j'ay mal écouté.
  Bien qu'vn si digne objet le rendist excusable,
J'ay crû hôteux d'aimer quãd on n'est plus aimable,
J'ay voulu m'en défendre à voir mes cheueux gris,
Et me suis répondu long-temps de vos mépris;
Mais j'ay veu dãs vostre ame en suite vne autre idée,
Sur qui mon esperance aussi-tost s'est fondée,
Et ie me suis promis bien plus qu'à tous vos Rois,
Quand j'ay veu que l'amour n'en feroit point le
J'allois me declarer sans l'offre d'Aristie. (choix.
Non que ma passion s'en soit veuë allentie,
Mais ie n'ay point douté qu'il ne fust d'vn grand
    cœur
De tout sacrifier pour le commun bonheur.
L'amour de Perpenna s'est joint à ces pensées,
Vous auez veu le reste, & mes raisons forcées.
Ie m'estois figuré que de tels déplaisirs
Pourroient ne me coûter que deux ou trois soûpirs,
Et pour m'en consoler j'enuisageois l'estime,
Et d'amy genereux, & de Chef magnanime;
Mais prés du coup fatal ie sens par mes ennuis
Que ie me promettois bien plus que ie ne puis.
  Ie me rends donc, Madame, ordonnez de ma vie,
Encor tout de nouueau ie vous la sacrifie,
Aimez-vous Perpenna?
VIRIATE.
                Ie sçay vous obeïr,
Mais ie ne sçay que c'est d'aimer, ny de haïr.

TRAGEDIE.

Et la part que tantost vous auiez dans mon ame
Fut vn don de ma gloire, & non pas de ma flame.
Ie n'en ay point pour luy, ie n'en eus point pour
  vous,
Ie ne veux point d'amant, mais ie veux vn espoux,
Mais ie veux vn Heros, qui par son Hymenée
Sçache esleuer si haut le Trône où ie suis née,
Qu'il puisse de l'Espagne estre l'heureux soûtien,
Et laisser de vrais Rois de mon sang & du sien.
  Ie le trouuois en vous, n'eust esté la bassesse
Qui pour ce cher riual contre moy s'interesse,
Et dont, quand ie vous mets au dessus de cent Rois,
Vne repudiée a merité le choix.
  Ie l'oubliray pourtant, & veux vous faire grace;
M'aimez-vous?
SERTORIVS.
  Oserois-je en prendre encor l'audace?
VIRIATE.
Prenez-là, j'y consens, Seigneur, & dés demain,
Au lieu de Perpenna donnez-moy vostre main. 1300
SERTORIVS.
Que se tiendroit heureux vn amour moins sincere,
Qui n'auroit autre but que de se satisfaire,
Et qui se rempliroit de sa felicité,
Sans prendre aucun soucy de vostre Dignité!
Mais quand vous oubliez ce que j'ay pû vous dire,
Puis-je oublier les soins d'aggrandir vostre Empire,
Que vostre grand projet est celuy de regner?
VIRIATE.
Seigneur, vous faire grace est-ce m'en éloigner?
SERTORIVS.
Ah! Madame, est-il temps que cette grace éclate?
VIRIATE.
C'est cét éclat, Seigneur, que cherche Viriate,

SERTORIVS,
SERTORIVS.
Nous perdons tout, Madame, à le précipiter.
L'amour de Perpenna le fera reuolter,
Souffrez qu'vn peu de temps doucement le mé-
    nage,
Qu'auprés d'vn autre objet vn autre amour l'engage,
Des amis d'Aristie asseurons le secours
A force de promettre en differant toûjours.
Détruire tout l'espoir qui les tient en haleine
C'est les perdre, c'est mettre vn jaloux hors de peine,
Dont l'esprit ébranlé ne se doit pas guerir
De cette impression qui peut nous l'acquerir.
Pourrions-nous vanger Rome aprés de telles pertes?
Pourrions-nous l'affranchir des miseres souffertes,
Et de ses interests vn si haut abandon...
    VIRIATE.
Et que m'importe, à moy, si Rome souffre, ou non?
Quand j'auray de ses maux effacé l'infamie
I'en obtiendray pour fruit le nom de son amie,
Ie vous verray Consul m'en apporter les loix,
Et m'abaisser vous mesme au rang des autres Rois?
Si vous m'aimez, Seigneur, nos mers & nos mon-
    tagnes
Doiuent borner vos vœux ainsi que nos Espagnes,
Nous pouuons nous y faire vn assez beau destin,
Sans chercher d'autre gloire au pied de l'Auentin.
Affranchissons le Tage, & laissons faire au Tibre,
La liberté n'est rien quand tout le monde est libre,
Mais il est beau de l'estre, & voir tout l'Vniuers
Soûpirer sous le joug, & gemir dans les fers,
Il est beau d'étaler cette prerogatiue
Aux yeux du Rhosne esclaue, & de Rome captiue,
Et de voir enuier aux peuples abatus
Ce respect que le Sort garde pour les vertus.

TRAGEDIE.

Quant au grand Perpenna, s'il est si redoutable,
Remettez-moy le soin de le rendre traitable,
Ie sçay l'art d'empescher les grands cœurs de faillir.

SERTORIVS.

Mais quel fruit pensez-vous en pouuoir recueillir?
Ie le sçay comme vous, & voy quelles tempestes
Cét ordre surprenant formera sur nos testes.
Ne cherchons point, Madame, à faire des mutins,
Et ne nous broüillons point auec nos bons Destins.
Rome nous donnera sans eux assez de peine,
Auant que de souscrire à l'Hymen d'vne Reine,
Et nous n'en fléchirons iamais la dureté,
A moins qu'elle nous doiue, & gloire, & liberté.

VIRIATE.

Ie vous aduoüray plus, Seigneur, loin d'y souscrire,
Elle en prendra pour vous vne haine où j'aspire,
Vn couroux implacable, vn orgueil endurcy,
Et c'est par où ie veux vous arrester icy.
Qu'ay-je à faire dans Rome? & pourquoy, ie vous prie...

SERTORIVS.

Mais nos Romains, Madame, aiment tous leur Patrie,
Et de tous leurs trauaux l'vnique & doux espoir,
C'est de vaincre bien-tost assez pour la reuoir.

VIRIATE.

Pous les enchaisner tous sur les riues du Tage,
Nous n'auons qu'à laisser Rome dans l'esclauage;
Ils aimeront à viure, & sous vous, & sous moy,
Tant qu'ils n'auront qu'vn choix; d'vn Tyran, ou d'vn Roy.

SERTORIVS.

Ils ont pour l'vn & l'autre vne pareille haine,
Et n'obeïront point au mary d'vne Reine.

VIRIATE.
Qu'ils aillent donc chercher des climats à leur choix,
Où le gouuernement n'ait ny Tyrans, ny Rois.
Nos Espagnols formez à voſtre art militaire
Acheueront ſans eux ce qui nous reſte à faire.
 La perte de Sylla n'eſt pas ce que ie veux,
Rome attire encor moins la fierté de mes vœux,
L'Hymen où ie prétens ne peut trouuer d'amorces
Au milieu d'vne ville où regnent les diuorces,
Et du haut de mon Trône on ne voit point d'attraits
Où l'on n'eſt Roy qu'vn an pour n'eſtre rien aprés.
Enfin, pour acheuer, j'ay fait pour vous plus qu'elle,
Elle vous a banny, j'ay pris voſtre querelle,
Ie conſerue des iours qu'elle veut vous rauir,
Prenez le Diadême, & laiſſez-la ſeruir.
Il eſt beau de tenter des choſes inoüies,
Deuſt-on voir par l'effet ſes volontez trahies.
Pour moy, d'vn grand Romain ie veux faire vn
 grand Roy,
Vous, s'il y faut perir, periſſez auec moy,
C'eſt gloire de ſe perdre en ſeruant ce qu'on aime.
 SERTORIVS.
Mais porter dés l'abord les choſes à l'extrême,
Madame, & ſans beſoin faire des meſcontens !
Soyons heureux plus tard pour l'eſtre plus long-
 temps,
Vne victoire ou deux jointes à quelque adreſſe...
 VIRIATE.
Vous ſçauez que l'amour n'eſt pas ce qui me preſſe,
Seigneur, mais aprés tout, il faut le confeſſer,
Tant de précaution commence à me laſſer.
Ie ſuis Reine, & qui ſçait porter vne Couronne
Quand il a prononcé n'aime point qu'on raiſonne.
Ie vay penſer à moy, vous penſerez à vous,

TRAGEDIE.
SERTORIVS.
Ah, si vous écoutez cét injuste courroux...
VIRIATE.
Ie n'en ay point, Seigneur, mais mon inquietude
Ne veut plus dans mon sort aucune incertitude,
Vous me direz demain où ie dois l'arrester,
Cependant ie vous laisse auec qui consulter.

SCENE III.
SERTORIVS, PERPENNA,
AVFIDE.

PERPENNA à *Aufide*.
Dieux ! qui peut faire ainsi disparoistre la Reine ?
AVFIDE à *Perpenna*.
Luy mesme a quelque chose en l'ame qui le gesne,
Seigneur, & nostre abord le rend tout interdit.
SERTORIVS.
De Pompée en ces lieux sçauez-vous ce qu'on dit ?
L'auez-vous mis fort loin au delà de la porte ?
PERPENNA.
Comme assez prés des murs il auoit son escorte,
Ie me suis dispensé de le mettre plus loin.
Mais de vostre secours, Seigneur, j'ay grand besoin,
Tout son visage montre vne fierté si haute...
SERTORIVS.
Nous n'auons rien conclu, mais ce n'est pas ma
 faute,
Et vous sçauez...
PERPENNA.
 Ie sçay qu'en de pareils debats,

SERTORIVS.
Ie n'ay point crû deuoir mettre les armes bas,
Il n'est pas encor temps.

PERPENNA.
Continuez, de grace,
Il n'est pas encor temps que l'amitié se lasse.

SERTORIVS.
Vostre interest m'arreste autant comme le mien,
Si ie m'en trouuois mal, vous ne seriez pas bien.

PERPENNA.
De vray, sans vostre appuy ie serois fort à plaindre,
Mais ie ne voy pour vous aucun sujet de craindre.

SERTORIVS.
Ie serois le premier dont on seroit jaloux,
Mais en suite le sort pourroit tomber sur vous;
Le Tyran aprés moy vous craint plus qu'aucun
　　autre,
Et ma teste abatuë ébranleroit la vostre.
Nous ferons bien tous deux d'attendre plus d'vn an.

PERPENNA.
Que parlez-vous, Seigneur, de teste, & de Tyran?

SERTORIVS.
Ie parle de Sylla, vous le deuez connoistre.

PERPENNA.
Et ie parlois des feux que la Reine a fait naistre?

SERTORIVS.
Nos esprits estoient donc également distraits,
Tout le mien s'attachoit aux perils de la paix,
Et ie vous demandois quel bruit fait par la ville
De Pompée & de moy l'entretien inutile.
Vous le sçaurez, Aufide?

AVFIDE.
A ne rien déguiser,
Seigneur, ceux de sa suite en ont sceu mal vser,

TRAGEDIE.

J'en crains parmy le peuple vn insolent murmure,
Ils ont dit que Sylla quitte sa Dictature,
Que vous seul refusez les douceurs de la paix,
Et voulez vne guerre à ne finir iamais.
Déja de nos soldats l'ame preoccupée
Montre vn peu trop de joye à parler de Pompée,
Et si l'erreur s'épand jusqu'en nos Garnisons,
Elle y pourra semer de dangereux poisons.

SERTORIVS.

Nous en romprons le coup auant qu'elle grossisse,
Et ferons par nos soins auorter l'artifice,
D'autres plus grands perils le Ciel m'a garanty.

PERPENNA.

Ne ferions-nous point mieux d'accepter le party,
Seigneur ? trouuez-vous l'offre, ou honteuse, ou
   mal seure ?

SERTORIVS.

Sylla peut en effet quitter sa Dictature,
Mais il peut faire aussi des Consuls à son choix,
De qui la Pourpre esclaue agira sous ses loix,
Et quãd nous n'en craindrõs aucuns ordres sinistres,
Nous perirons par ceux de ses lâches Ministres.
Croyez-moy, pour des gens côme vous deux & moy,
Rien n'est si dangereux que trop de bonne foy.
Sylla par Politique a pris cette mesure
De montrer aux soldats l'impunité fort seure,
Mais pour Cinna, Carbon, le jeune Marius,
Il a voulu leur teste, & les a tous perdus.
Pour moy, que tout mon camp sur ce bruit m'aban-
   donne,
Qu'il ne reste pour moy que ma seule personne,
Ie me perdray plûtost dans quelque affreux climat,
Qu'aller tant qu'il viura briguer le Consulat.
Vous.

F

SERTORIVS,
PERPENNA.
Ce n'eſt pas, Seigneur, ce qui me tient en peine,
Exclus du Conſulat par l'Hymen d'vne Reine,
Du moins ſi vos bontez m'obtiennent ce bonheur,
Ie n'attens plus de Rome aucun degré d'honneur,
Et banny pour iamais dans la Luſitanie,
I'y crois en ſeureté les reſtes de ma vie.
SERTORIVS.
Ouy, mais ie ne voy pas encor de ſeureté
A ce que vous & moy nous auions concerté.
Vous ſçauez que la Reine eſt d'vne humeur ſi fiere,
Mais peut-eſtre le temps la rendra moins altiere,
Adieu, diſpenſez-moy de parler là-deſſus.
PERPENNA.
Parlez, Seigneur, mes vœux ſont-ils ſi mal receus?
Eſt-ce en vain que ie l'aime, en vain que ie ſoûpire?
SERTORIVS.
Sa retraite a plus dit que ie ne puis vous dire.
PERPENNA.
Elle m'a dit beaucoup, mais Seigneur, acheuez,
Et ne me cachez point ce que vous en ſçauez.
Ne m'auriez-vous remply que d'vn eſpoir friuole?
SERTORIVS.
Non, ie vous l'ay cedée, & vous tiendray parole,
Ie l'aime, & vous la donne encor malgré mon feu,
Mais ie crains que ce don n'ait iamais ſon adueu,
Qu'il n'attire ſur nous d'impitoyables haines:
Que vous diray-je enfin? l'Eſpagne a d'autres
    Reines,
Et vous pourriez vous faire vn deſtin bié plus doux,
Si vous faiſiez pour moy ce que ie fais pour vous.
Celle des Vacéens, celle des Hergetes,
Rendroient vos volontez bien pluſtoſt ſatisfaites,
La Reine auec chaleur ſçauroit vous y ſeruir,

TRAGEDIE. 63

PERPENNA.
Vous me l'auez promise, & me l'allez rauir!
SERTORIVS.
Que sert que ie promette, & que ie vous la donne,
Quand son ambition s'attache à ma personne?
Vous sçauez les raisons de cét attachement,
Ie vous en ay tantost parlé confidemment,
Ie vous en fais encor la mesme confidence.
Faites à vostre amour vn peu de violence,
I'ay triomphé du mien, j'y suis encor tout prest;
Mais s'il faut du party mesnager l'interest,
Faut-il poulser à bout vne Reine obstinée,
Qui veut faire à son choix toute sa Destinée,
Et de qui le secours depuis plus de dix ans
Nous a mieux soûtenus que tous nos partisans? 1500
PERPENNA.
La trouuez-vous, Seigneur, en estat de vous nuire?
SERTORIVS.
Non, elle ne peut pas tout à fait nous détruire,
Mais si vous m'enchaisnez à ce que j'ay promis,
Dés demain elle traite auec nos ennemis.
Leur camp n'est que trop proche, icy chacun mur-
  mure,
Iugez ce qu'il faut craindre en cette conjoncture,
Voyez quel prompt remede on y peut apporter,
Et quel fruit nous aurons de la violenter.
PERPENNA.
C'est à moy de me vaincre, & la raison l'ordonne,
Mais d'vn si grand dessein tout mon cœur qui fris-
  sonne...
SERTORIVS.
Ne vous contraignez point, deust m'en coûter le
  jour,
Ie tiendray ma promesse en dépit de l'amour.

F ij

SERTORIVS,
PERPENNA.
Si vos promesses n'ont l'adueu de Viriate..
SERTORIVS.
Ie ne puis de sa part rien dire qui vous flaté.
PERPENNA.
Ié dois donc me contraindre, & j'y suis resolu.
Ouy, sur tous mes desirs ie me rends absolu,
I'en veux à vostre exemple estre aujourd'huy le mai-
   stre,
Et malgré cét amour que j'ay laissé trop croistre,
Vous direz à la Reine...
SERTORIVS.
        Et bien, ie luy diray?
PERPENNA.
Rien, Seigneur, rien encor, demain j'y penseray.
Toutefois la colere où s'emporte son ame
Pourroit dés cette nuit commencer quelque trame,
Vous luy direz, Seigneur, tout ce que vous voudrez,
Et ie suiuray l'aduis que pour moy vous prendrez.
SERTORIVS.
Ie vous admire, & plains.
PERPENNA.
        Que j'ay l'ame accablée!
SERTORIVS.
Ie partage les maux dont ie la voy comblée,
Adieu, j'entre vn moment pour calmer son chagrin,
Et me rendray chez vous à l'heure du festin.

SCENE IV.

PERPENNA, AVFIDE.

AVFIDE.

CE maistre si chery fait pour vous des merueilles,
Vostre flame en reçoit des faueurs sans pareilles,
Son nom seul malgré luy vous auoit tout volé,
Et la Reine se rend si-tost qu'il a parlé.
Quels seruices faut-il que vostre espoir hazarde,
Afin de meriter l'amour qu'elle vous garde,
Et dans quel temps, Seigneur, purgerez-vous ces
    lieux
De cét illustre objet qui luy blesse les yeux ?
Elle n'est point ingrate, & les loix qu'elle impose
Pour se faire obeïr promettent peu de chose,
Mais on n'a qu'à laisser le salaire à son choix,
Et courir sans scrupule executer ces loix.
Vous ne me dites rien ? Apprenez-moy, de grace,
Comment vous resoluez que le festin se passe.
Dissimulerez-vous ce manquement de foy ?
Et voulez-vous...

PERPENNA.
Allons en resoudre chez moy.

Fin du quatriéme Acte.

ACTE V.

SCENE PREMIERE.

ARISTIE, VIRIATE.

ARISTIE.

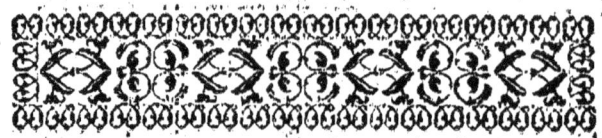

VY, Madame, j'en suis comme vous
 ennemie,
Vous aimez les grandeurs, & ie hay
 l'infamie;
Ie cherche à me vanger, vous à vous établir,
Mais vous pourrez me perdre, & moy vous affoiblir,
Si le cœur mieux ouuert ne met d'intelligence
Vostre établissement auecque ma vangeance.
 On m'a volé, Pompée, & moy, pour le brauer,
Cét ingrat que sa foy n'ose me conseruer,
Ie cherche vn autre espoux qui le passe, ou l'égale;
Mais ie n'ay pas dessein d'estre vostre riuale,
Et n'ay point dû preuoir, ny que vers vn Romain
Vne Reine jamais daignast pancher sa main,
Ny qu'vn Heros, dont l'ame a paru si Romaine,
Démentist ce grand nom par l'Hymen d'vne Reine,
I'ay crû dans sa naissance & vostre Dignité
Pareille auersion & contraire fierté.

TRAGEDIE. 67

Cependant on me dit qu'il consent l'Hymenée,
Et qu'en vain il s'oppose au choix de la journée,
Puisque, si dés demain il n'a tout son éclat,
Vous allez du party separer vostre Estat.
  Côme ie n'ay pour but que d'en grossir les forces,
I'aurois grand déplaisir d'y causer des divorces,
Et de seruir Sylla mieux que tous ses amis,
Quand ie luy veux par tout faire des ennemis.
Parlez donc, quelque espoir que vous m'ayez veu
    prendre,
Si vous y pretendez, ie cesse d'y pretendre,
Vn reste d'autre espoir, & plus juste, & plus doux,
Sçaura voir sans chagrin Sertorius à vous.
Mon cœur veut à toute heure immoler à Pompée
Tous les ressentimens de ma place vsurpée,
Et comme son amour eut peine à me trahir,
I'ay voulu me vanger, & n'ay pû le haïr :
Ne me déguisez rien, non-plus que ie déguise.
       VIRIATE.
Viriate à son tour vous doit mesme franchise,
Madame, & d'ailleurs mesme on vous en a trop dit
Pour vous dissimuler ce que j'ay dans l'esprit.
  I'ay fait venir exprés Sertorius d'Afrique,
Pour sauuer mes Estats d'vn pouuoir tyrannique,
Et mes voisins domptez m'apprenoient que sans luy
Nos Rois contre Sylla n'estoient qu'vn vain appuy.
Auec vn seul vaisseau ce grand Heros prit terre,
Auec mes Sujets seuls il commença la guerre,
Ie mis entre ses mains mes Places, & mes Ports,
Et ie luy confiay mon Sceptre, & mes tresors.
Dés l'abord il sçeut vaincre, & j'ay veu la victoire
Enfler de jour en jour sa puissance & sa gloire.
Nos Rois lassez du joug, & vos persecutez,
Auec tant de chaleur l'ont joint de tous costez,

Qu'enfin il a poussé nos armes fortunées,
Iusques à vous reduire au pied des Pyrenées;
Mais aprés l'auoir mis au point où ie le voy,
Ie ne puis voir que luy qui soit digne de moy,
Et regardant sa gloire ainsi que mon ouurage,
Ie periray plustost qu'vne autre la partage.
Mes Sujets valent bien que j'aime à leur donner
Des Monarques d'vn sang qui sçache gouuerner,
Qui sçache faire teste à vos Tyrans du Monde,
Et rendre nostre Espagne en lauriers si feconde,
Qu'on voye vn jour le Po redouter ses efforts,
Et le Tibre luy-mesme en trembler pour ses bords.

ARISTIE.
Vostre dessein est grand, mais à quoy qu'il aspire...

VIRIATE.
Il m'a dit les raisons que vous me voulez dire,
Ie sçay qu'il seroit bon de taire & differer
Ce glorieux Hymen qu'il me fa't esperer:
Mais la paix qu'aujourd'huy l'on offre à ce grand
  homme
Ouure trop les chemins & les portes de Rome;
Ie voy que s'il y rentre, il est perdu pour moy,
Et ie l'en veux bannir par le don de ma foy.
Si ie hazarde trop de m'estre declarée,
I'aime mieux ce peril, que ma perte asseurée,
Et si tous vos proscrits osent s'en desunir,
Nos bons Destins sans eux pourront nous soû-
  tenir.
Mes peuples aguerris sous vostre discipline
N'auront jamais au cœur de Rome qui domine,
Et ce sont des Romains, dont l'vnique soucy
Est de combatre, vaincre, & triompher icy.
Tant qu'ils verront marcher ce Heros à leur teste,
Ils iront sans frayeur de conqueste en conqueste,

TRAGEDIE.

Vn exemple si grand dignement soûtenu
Sçaura... Mais que nous veut ce Romain inconnu?

SCENE II.

ARISTIE, VIRIATE, ARCAS.

ARISTIE.

Madame, c'est Arcas, l'affranchy de mon frere,
Sa venuë en ces lieux cache quelque mystere.
Parle, Arcas, & dy nous...

ARCAS.

Ces lettres mieux que moy
Vous diront vn succez qu'à peine encor ie croy.

ARISTIE *lit.*

Chere sœur, pour ta ioye il est temps que tu sçaches
Que nos maux & les tiens vont finir en effet :
Sylla marche en public sans Faisceaux & sans Haches,
Prest à rendre raison de tout ce qu'il a fait ;
Il s'est en plein Senat démis de sa puissance,
Et si vers toy Pompée a le moindre panchant,
Le Ciel vient de briser sa nouuelle alliance,
Et la triste Æmilie est morte en accoûchant.
Sylla mesme consent, pour calmer tant de haines,
Qu'vn feu qui fut si beau rentre en sa dignité,
Et que l'Hymen te rende à tes premieres chaînes,
En mesme temps qu'à Rome il rend sa liberté.

QVINTVS ARISTIVS.

Le Ciel s'est donc lassé de m'estre impitoyable!
Ce bon-heur comme à toy me paroist incroyable,
Cours au camp de Pompée, & dy luy, cher Arcas...

SERTORIVS,
ARCAS.
Il a cette Nouuelle, & reuient sur ses pas,
De la part de Sylla chargé de luy remettre
Sur ce grand changement vne pareille lettre,
A deux milles d'icy j'ay sceu le rencontrer.
ARISTIE.
Quel amour, quelle joye a-t'il daigné montrer?
Que dit-il? que fait-il?
ARCAS.
Par vostre experience
Vous pouuez bien juger de son impatience.
Mais rappellé vers vous par vn transport d'amour,
Qui ne luy permet pas d'acheuer son retour,
L'ordre que pour son camp ce grand effet demande
L'arreste à le donner attendant qu'il s'y rende.
Il me suiura de prés, & m'a fait auancer,
Pour vous dire vn miracle où vous n'osiez penser.
ARISTIE.
Vous auez lieu d'en prendre vne allegresse égale,
Madame, vous voilà sans crainte & sans riuale.
VIRIATE.
Ie n'en ay plus en vous, & ie n'en puis douter,
Mais il m'en reste vne autre & plus à redouter,
Rome, que ce Heros aime plus que luy-mesme,
Et qu'il prefereroit sans doute au Diadême,
Si contre cét amour...

TRAGEDIE. 71

SCENE III.
VIRIATE, ARISTIE, THAMIRE,
ARCAS.

THAMIRE.

Ah, Madame!
VIRIATE.
Qu'as-tu,
Thamiré, & d'où te vient ce visage abbatu?
Que nous disent tes pleurs?
THAMIRE.
Que vous estes perduë,
Que cét illustre bras qui vous a défenduë...
VIRIATE.
Sertorius?
THAMIRE.
Helas! ce grand Sertorius...
VIRIATE.
N'acheueras-tu point?
THAMIRE.
Madame, il ne vit plus.
VIRIATE.
Il ne vit plus? ô Ciel! qui te l'a dit, Thamire?
THAMIRE.
Ses assassins font gloire eux-mesmes de le dire.
Ces Tygres, dont la rage au milieu du festin
Par l'ordre d'vn perfide a tranché son destin,
Tous couuerts de son sang courent parmy la ville,
Esmouuoir les soldats & le peuple imbecille,

SERTORIVS,
Et Perpenna par eux proclamé General
Ne vous fait que trop voir d'où part ce coup fatal.
VIRIATE.
Il m'en fait voir ensemble, & l'autheur, & la cause,
Par cét assassinat c'est de moy qu'on dispose,
C'est mon Trône, c'est moy qu'on pretend conquerir,
Et c'est mon juste choix qui seul l'a fait perir.
Madame, apres sa perte, & parmy ces alarmes,
N'attendez point de moy de soûpirs, ny de larmes;
Ce sont amusemens que dédaigne aisément
Le prompt & noble orgueil d'vn vif ressentiment,
Qui pleure, l'affoiblit, qui soûpire, l'exhale,
Il faut plus de fierté dans vne ame Royale,
Et ma douleur soûmise aux soins de le vanger.
ARISTIE.
Mais vous vous aueuglez au milieu du danger,
Songez à fuir, Madame.
THAMIRE.
Il n'est plus temps, Auside,
Des portes du Palais saisi pour ce perfide,
En fait vostre prison, & luy répond de vous.
Il vient, dissimulez vn si juste couroux,
Et jusqu'à ce qu'vn temps plus fauorable arriue,
Daignez vous souuenir que vous estes captiue.
VIRIATE.
Ie sçay ce que ie suis, & le seray toûjours,
N'eussay-je que le Ciel, & moy, pour mon secours.

SCENE

SCENE IV.

PERPENNA, ARISTIE,
VIRIATE, THAMIRE,
ARCAS.

PERPENNA.

SErtorius est mort. Cessez d'estre jalouse,
Madame, du haut râg qu'auroit pris son espouse,
Et n'apprehendez plus, comme de son viuant,
Qu'en vos propres Estats elle ait le pas-deuant,
Et l'espoir d'Aristie a fait ombrage au vostre,
Ie puis vous asseurer, & d'elle, & de toute autre,
Et que ce coup heureux sçaura vous maintenir,
Et contre le present, & contre l'auenir.
C'estoit vn grand guerrier, mais dont le sang ny
  l'âge
Ne pouuoient auec vous faire vn digne assemblage,
Et malgré ces defauts, ce qui vous en plaisoit,
C'estoit sa Dignité qui vous tirannisoit,
Le nom de General vous le rendoit aimable,
A vos Rois, à moy-mesme il estoit preferable,
Vous vous éblouïssiez du Tiltre, & de l'employ,
Et ie viens vous offrir & l'vn & l'autre en moy,
Auec des qualitez, où vostre ame hautaine
Trouuera mieux dequoy meriter vne Reine.
Vn Romain qui cōmande & soit du sang des Rois,
(Ie laisse l'âge à part) peut esperer son choix,
Sur tout quand d'vn affront son amour l'a vangée,
Et que d'vn choix abject son bras l'a dégagée.

G   F

ARISTIE.

Aprés t'estre immolé chez toy ton General,
Toy, que faisoit trembler l'ombre d'vn tel riual,
Lâche, tu viens icy brauer encor des femmes,
Vanter insolemment tes detestables flames,
T'emparer d'vne Reine en son propre Palais,
Et demander sa main pour prix de tes forfaits !
Crains les Dieux, scelerat, crains les Dieux, ou Pompée,
Crains leur haine, ou son bras, leur foudre, ou son épée,
Et quelque noir orgueil qui te puisse aucugler,
Apprens qu'il m'aime encore, & commence à trembler,
Tu le verras, méchant, plûtost que tu ne penses,
Attens, attens de luy tes dignes recompenses.

PERPENNA.

S'il en croit vostre ardeur, ie suis seur du trépas,
Mais peut-estre, Madame, il ne l'en croira pas;
Et quand il me verra commander vne Armée,
Contre luy tant de fois à vaincre accoustumée,
Il se rendra facile à conclurre vne paix
Qui faisoit dés tantost ses plus ardents souhaits.
I'ay mesme entre mes mains vn assez bon ostage,
Pour faire mes Traitez auec quelque auantage.
Cepédant vous pourriez pour vostre heur, & le mien,
Ne parler pas si haut à qui ne vous dit rien.
Ces menaces en l'air vous donnent trop de peine,
Aprés ce que j'ay fait, laissez faire la Reine,
Et sans blasmer des vœux qui ne vont point à vous,
Songez à regagner le cœur de vostre espoux.

VIRIATE.

Ouy, Madame, en effet, c'est à moy de répondre,
Et mon silence ingrat a droit de me confondre,

TRAGEDIE.

Ce genereux exploit, ces nobles sentimens,
Meritent de ma part de hauts remercîmens,
Les differer encor c'est luy faire injustice.
Il m'a rendu sans doute vn signalé seruice,
Mais il n'en sçait encor la grandeur qu'à demy.
Le grand Sertorius fut son parfait amy.
Apprenez-le, Seigneur, (car ie me persuade
Que nous deuons ce tiltre à nostre nouueau grade,
Et pour le peu de temps qu'il pourra vous durer,
Il me coûtera peu de vous le deferer.)
Sçachez donc que pour vous il osa me déplaire,
Ce Heros, qu'il osa meriter ma colere,
Que malgré son amour, que malgré mon cou-
　roux,
Il a fait tous efforts pour me donner à vous,
Et qu'à moins qu'il vous plûst luy rendre sa parole,
Tout mon dessein n'estoit qu'vne attente friuole,
Qu'il s'obstinoit pour vous au refus de ma main.

ARISTIE.

Et tu peux luy plonger vn poignard dans le sein,
Et ton bras...

VIRIATE.

　　　Permettez, Madame, que j'estime
La grandeur de l'amour par la grandeur du crime.
Chez luy mesme, à sa table, au milieu d'vn festin,
D'vn si parfait amy deuenir l'assassin,
Et de son General se faire vn sacrifice
Lors que son amitié luy rend vn tel seruice,
Renoncer à la gloire, accepter pour jamais
L'infamie, & l'horreur qui suit les grands forfaits,
Iusqu'en mon cabinet porter sa violence,
Pour obtenir ma main, m'y tenir sans défense,
Tout cela d'autant plus fait voir ce que ie doy
A cét excés d'amour qu'il daigne auoir pour moy,

G ij

Tout cela montre vne ame au dernier point char-
mée,
Il seroit moins coupable à m'auoir moins aimée,
Et comme ie n'ay point les sentimens ingrats,
Ie luy veux conseiller de ne m'espouser pas.
Ce seroit en son lit mettre son ennemie,
Pour estre à tous momens maistresse de sa vie,
Et ie me resoudrois à cét excés d'honneur,
Pour mieux choisir la place à luy percer le cœur.
   Seigneur, voilà l'effet de ma reconnoissance.
Du reste, ma personne est en vostre puissance,
Vous estes maistre icy, commandez, disposez,
Et receuez enfin ma main, si vous l'osez.

PERPENNA.

Moy, si ie l'oseray ? vos conseils magnanimes
Pouuoient perdre moins d'art à m'étaler mes crimes,
I'en connoy mieux que vous toute l'énormité,
Et pour la bien connoistre ils m'ont assez cousté.
On ne s'attache point, sans vn remords bien rude,
A tant de perfidie, & tant d'ingratitude:
Pour vous, ie l'ay dompté, pour vous ie l'ay détruit,
I'en ay l'ignominie, & j'en auray le fruit.
Menacez mes forfaits, & proscriuez ma teste,
De ces mesmes forfaits vous serez la conqueste,
Et n'eust tout mon bon-heur que deux jours à durer,
Vous n'auez dés demain qu'à vous y préparer.
I'accepte vostre haine, & l'ay bien meritée,
I'en ay preueu la suite, & j'en sçay sa portée,
Mon Triomphe...

TRAGEDIE.

SCENE V.
PERPENNA, ARISTIE, VIRIATE,
AVFIDE, ARCAS,
THAMIRE.

AVFIDE.

SEigneur, Pompée est arriué,
Nos soldats mutinez, le Peuple souleué.
La porte s'est ouuerte à son nom, à son ombre,
Nous n'auons point d'amis qui ne cedent au nombre,
Antoine & Manlius déchirez par morceaux,
Tous morts & tous sanglans ont encor des bourreaux,
On cherche auec chaleur le reste des complices,
Que luy-mesme il destine à de pareils supplices,
Ie défendois mon poste, il l'a soudain forcé,
Et de sa propre main vous me voyez percé;
Maistre absolu de tout il change icy la Garde,
Pensez à vous, ie meurs, la fuite vous regarde.

ARISTIE.
Pour quelle heure, Seigneur, faut-il se preparer
A ce rare bonheur qu'il vient vous asseurer?
Auez-vous en vos mains vn assez bon ostage,
Pour faire vos Traitez auec grand auantage?

PERPENNA.
C'est prendre en ma faueur vn peu trop de soucy,
Madame, & j'ay dequoy le satisfaire icy.

G iij

SCENE VI.

POMPEE, PERPENNA, VIRIATE,
ARISTIE, CELSVS, ARCAS,
THAMIRE.

PERPENNA.

SEigneur, vous aurez sçeu ce que ie viens de faire,
Ie vous ay de la Paix immolé l'aduersaire,
L'amant de vostre femme, & ce riual fameux
Qui s'opposoit par tout au succez de vos vœux.
Ie vous rends Aristie, & finis cette crainte,
Dont vostre ame tantost se montroit trop atteinte,
Et ie vous affranchis de ce jaloux ennuy,
Qui ne pouuoit la voir entre les bras d'autruy.
Ie say plus, ie vous liure vne fiere ennemie,
Auec tout son orgueil, & sa Lusitanie;
Ie vous en ay fait maistre, & de tous ces Romains
Que déja leur bon-heur a remis en vos mains.
Comme en vn grand dessein, & qui veut promptitude,
On ne s'explique pas auec la multitude,
Ie n'ay point crû, Seigneur, deuoir apprendre à tous
Celuy d'aller demain me rendre auprés de vous;
Mais j'en porte sur moy d'asseurez témoignages.
Cés Lettres de ma foy vous seront de bons gages,
Et vous reconnoistrez par leurs perfides traits,
Combien Rome pour vous a d'ennemis secrets,
Qui tous pour Aristie enflamez de vangeance,
Auec Sertorius estoient d'intelligence,
Lisez.

TRAGEDIE.

Il luy donne les Lettres qu'Aristie auoit apportées de Rome à Sertorius.

ARISTIE.

Quoy, scelerat ? quoy, lasche ? oses-tu bien...

PERPENNA.

Madame, il est icy vostre maistre, & le mien,
Il faut en sa presence vn peu de modestie,
Et si ie vous oblige à quelque repartie,
La faire sans aigreur, sans outrages meslez,
Et ne point oublier deuant qui vous parlez.
Vous voyez là, Seigneur, deux illustres riuales,
Que cette perte anime à des haines égales,
Iusques au dernier point elles m'ont outragé,
Mais puisque ie vous voy, i'en suis assez vangé.
Ie vous regarde aussi comme vn Dieu tutelaire,
Et ne puis... Mais ô Dieux, Seigneur, qu'allez
 vous faire ?

POMPEE *aprés auoir bruslé les Lettres sans les lire.*

Monstrer d'vn tel secret ce que ie veux sçauoir,
Si vous m'auiez connu, vous l'auriez sceu preuoir,
Rome en deux factions trop long-temps partagée
N'y sera point pour moy de nouueau replongée,
Et quand Sylla luy rend sa gloire & son bonheur,
Ie n'y remettray point le carnage & l'horteur,
Oyez Celsus...

Il luy parle à l'oreille.

Sur tout empeschez qu'il ne nomme
Aucun des ennemis qu'elle m'a faits à Rome.

à Perpenna.

Vous, suiuez ce Tribun, j'ay quelques interests
Qui demandent icy des entretiens secrets.

PERPENNA.

Seigneur, se pourroit-il qu'aprés vn tel seruice...

POMPEE.
I'en connoy l'importance, & luy rendray justice,
Allez.

PERPENNA.
Mais cependant leur haine...

POMPEE.
C'est assez,
Ie suis maistre, ie parle, allez, obeïssez.

SCENE VII.

POMPEE, VIRIATE, ARISTIE, THAMIRE, ARCAS.

POMPEE.

NE vous offensez pas d'ouïr parler en maistre,
Grāde Reine, ce n'est que pour punir vn traître,
Criminel enuers vous d'auoir trop escouté
L'insolence où montoit sa noire lâcheté,
I'ay crû deuoir sur luy prendre ce haut empire,
Pour me justifier auant que vous rien dire:
Mais ie n'abuse point d'vn si facile accés,
Et ie n'ay iamais sçeu dérober mes succés.
 Quelque appuy que son crime aujourd'huy vous enleue,
Ie vous offre la Paix, & ne romps point la Tréue,
Et ceux de nos Romains qui sont auprez de vous
Peuuent y demeurer sans craindre mon couroux.
 Si de quelque peril ie vous ay garantie,
Ie ne veux pour tout prix enleuer qu'Aristie,

TRAGEDIE.

A qui deuant vos yeux, enfin maiſtre de moy,
Ie rapporte auec joye, & ma main, & ma foy,
Ie ne dis rien du cœur, il tint toûjours pour elle.

ARISTIE.

Le mien ſçauoit vous rendre vne ardeur mutuelle,
Et pour mieux receuoir ce don renouuellé,
Il oubliera, Seigneur, qu'on me l'auoit volé.

VIRIATE.

Moy, j'accepte la Paix que vous m'auez offerte,
C'eſt tout ce que ie puis, Seigneur, aprés ma perte,
Elle eſt irreparable, & comme ie ne voy
Ny Chefs dignes de vous, ny Rois dignes de moy,
Ie renonce à la guerre ainſi qu'à l'Hymenée ;
Mais j'aime encor l'hôneur du Trône où ie ſuis née,
D'vne juſte amitié ie ſçay garder les lois,
Et ne ſçay point regner comme regnent nos Rois.
S'il faut que ſous voſtre ordre ainſi qu'eux ie do-
    mine,
Ie m'enſeueliray ſous ma propre ruïne :
Mais ſi ie puis regner ſans honte, & ſans eſpoux,
Ie ne veux d'heritiers que voſtre Rome, ou vous.
Vous choiſirez, Seigneur, ou ſi voſtre alliance
Ne peut voir mes Eſtats ſous ma ſeule puiſſance,
Vous n'auez qu'à garder cette Place en vos mains,
Et ie m'y tiens déja captiue des Romains.

POMPÉE.

Madame, vous auez l'ame trop genereuſe,
Pour n'en pas obtenir vne paix glorieuſe,
Et l'on verra chez eux mon pouuoir abbatu,
Où j'y feray toûjours honorer la vertu.

SCENE DERNIERE.

POMPEE, ARISTIE, VIRIATE, CELSVS, ARCAS, THAMIRE.

POMPE'E.

EN est-ce fait, Celsus?
####### CELSVS.
Ouy, Seigneur, le perfide
A veu plus de cent bras punir son parricide,
Et liuré par vostre ordre à ce peuple irrité,
Sans rien dire....
####### POMPEE.
Il suffit, Rome est en seureté,
Et ceux qu'à me haïr j'auois trop sçeu contraindre,
N'y craignant rien de moy, n'y donnent rien à craindre,
Vous, Madame, agréez pour nostre grand Heros,
Que ses Manes vangez goustent vn plein repos.
Allons donner vostre ordre à des pompes funebres,
A l'égal de son nom illustres & celebres,
Et dresser vn tombeau témoin de son malheur,
Qui le soit de sa gloire, & de nostre douleur.

Fin du cinquiéme & dernier Acte.

www.ingramcontent.com/pod-product-compliance
Lightning Source LLC
LaVergne TN
LVHW050648090426
835512LV00007B/1085